社会保障と財政の危機

鈴木 亘
Suzuki Wataru

PHP新書

はじめに

本書は、コロナ禍によって生じた「社会保障の危機」について論じる。感染症の危機、経済危機の次は、社会保障の危機である。

具体的には、社会保障の各分野——失業、生活保護、年金、医療、介護など——について、今何が起きているか、今後どのようなことが起き、どのように対処すべきかを議論する。また、アフターコロナ時代に向けて、中長期的にどのような改革に取り組まなければならないかを考える。

現在、感染症のパンデミック（コロナ禍）や、それに伴う経済不況（コロナショック）は、当初のパニック状態に比べれば、やや落ち着きを取り戻したと言えるだろう。しかし、社会保障分野の危機への対応は待ったなしである。

既に雇用情勢は悪化の一途を辿っているが、失業が長引いて失業保険の期限が切れれば、生活困窮者の増加も避けられない。その時には、再びホームレスや生活保護受給者が社会に溢れることを、我々は覚悟しなければならない。

コロナショックの影響をあまり受けなかった年金生活者たちも、社会保障の危機とは無縁ではいられない。日本の年金制度は、デフレ経済に極めて弱い体質を持っており、不況が続けばたちどころに財政状況が悪化する。いや、既に危機的であった年金財政にダメ押しを加えると言った方が良い。

また、世界に比べればケタ違いに少ない感染者数、死亡者数にもかかわらず、感染症の第一波発生時には、日本医師会が「医療危機的状況宣言」を出すほど、医療機関の病床不足が深刻化した。保健所への業務集中も依然続いており、保健所崩壊の懸念もある。

さらに、訪問介護やデイサービスの利用が困難となり、在宅の要介護者の多くが孤立するか、再び家族介護に頼るようになった。家族との面会が禁止され、外出もできなくなった介護施設の高齢者たちも、今後に大きな不安を抱えている。

ただ、救いもある。コロナ禍やコロナショックのような初体験の危機とは異なり、社会保障の危機は、ある程度、過去の経験から何が起きるかを予測できる。実際、リーマンショックなどから学べる教訓も数多い。

さらに言えば、ずっと以前から存在していた諸課題が、コロナ禍をきっかけに再燃したという要素が強い。非正社員やフリーランスなどに対する失業保険や生活支援策の不備、ひとたび生活保護にかかるとそこから抜け出せなくなる「貧困の罠」、「年金１００年安心」神話に縛られ改革不能に陥った年金制度、医療や介護現場の極度の人手不足、アナログで非効率な福祉・保健行政などは、ずっと以前から問題視されてきたことである。しかしながら、アベノミクスで経済が好調となる中で、いつのまにやら危機感が薄れ、再び放置されてしまった。今回、コロナショックによってアベノミクスでお化粧されていた部分が全て剝げ落ち、我々はまた同じ諸課題に直面している。

このように、コロナ禍における社会保障の危機は、新しい問題への対処とともに、先送りされてきた既存の問題への対処が迫られるという側面がある。この危機に対応するためには、問題を一過性のものと考えず、中長期的な課題も一気に解決する姿勢が求められる。また、アフターコロナの明るい未来を切り拓くためには、消費税減税やベーシック・インカム導入など、思い切った発想も求められる。

「ピンチはチャンス」と言われる。図らずもコロナ禍は、それがなくてもいずれ直面すべき社会保障の中長期課題を、一気に表面化させている。平時には、なかなか改革の覚悟が決まらないことも、非常時には決断できる。コロナ禍を奇貨として抜本改革に取り組むか、それともまた先送りをして、いずれもっと大きな危機を迎えるのか、我々は今、大きな岐路に立っている。

社会保障と財政の危機――目次

第2章 戦後最大の経済対策はやりすぎか

第3章 「働くと負け」の生活保護制度をどうするか

第4章　医療崩壊はなぜ、簡単に起きてしまうのか

第5章 目前に迫る介護崩壊

第9章 ベーシック・インカムは実現可能か

第1章

新型コロナ対策と経済をどう両立させるか

3回目の「100年に1度」

近年、日本経済は、2008年9月のリーマンショック、2011年3月の東日本大震災と、「100年に1度」の事態に立て続けに見舞われてきた。アベノミクスによる大胆な経済政策でようやくその傷が癒えてきたところに、まさかもう一度、「100年に1度」の事態が待っていようとは、一体誰が想像できたであろうか。

2020年、スペイン風邪（1918年〜1920年）以来、まさに100年ぶりと言われる新型コロナウイルスのパンデミックが、日本および世界を襲った。その後の混乱状況は、我々がまさに体験している通りである。

本書の目的は、コロナ禍に伴って生じている社会保障の諸課題と今後のあり方を論じることにあるが、実は社会保障と経済は密接不可分な関係にある。そこで本章と次章では、その後の社会保障論議の見通しを良くするため、必要最低限の範囲で、コロナ禍における日本経済の現状や対策のあり方について論じておきたい。まず本章では、新型コロナ対策と経済の両立をどのように図るべきかという点を論じ、次章で、コロナショックに対する経済対策の評価と今後のあり方を議論する。

ウィズコロナの時代へ

今回のコロナ禍は、もし、その初期段階で入国規制やクラスター対策、緊急事態宣言による接触減などが功を奏して収束していれば、概ね感染症対策の範囲内で終わる話であった。一時的に経済を犠牲にしても、まずは感染症の収束を急ぐのが合理的であり、「感染症対策と経済のどちらを優先するか」などというトレードオフ（あちらを立てればこちらが立たずという関係）は、そもそも存在しないはずであった。

ところが、こうした諸対策がうまく機能せず、経路不明者の増加に示唆されるように、市中感染がどんどん広がってしまった。もはや緊急事態宣言を再発令しても、クラスター対策で追い切れないパンデミックとなったことで、事態は大きく変わった。感染症対策と経済のバランスをどうとるべきか、両者のトレードオフに直面し、難しい舵取りを必要とする段階に入ったのである。まさに、ウィズコロナ（コロナとの共生）時代の到来である。

失業率と自殺死亡率の関係

ところで、感染症対策と経済のトレードオフとは、具体的にどのようなことを意味するのであろうか。様々な表現方法があるが、ここでは「感染症の死亡者数」と「経済要因の死亡者数」の関係としてみてみよう。

まず、感染症の死亡者数は文字通り、新型コロナウイルス感染で死亡する人の数である。一方、経済要因の死亡者数とは、経済的に追い込まれて自殺する人の数である。景気が悪化し、倒産や失業が増えると、我が国の場合は自殺者数増加が顕著となる。図表１－１にみるように、我が国の失業率と自殺死亡率の間には、極めて高い相関があることが知られている。簡単な統計処理を行うと、失業率の１％上昇に対して、年間３０００人程度の新たな自殺者が発生することがわかる。

図表1-1 失業率と自殺死亡率の推移

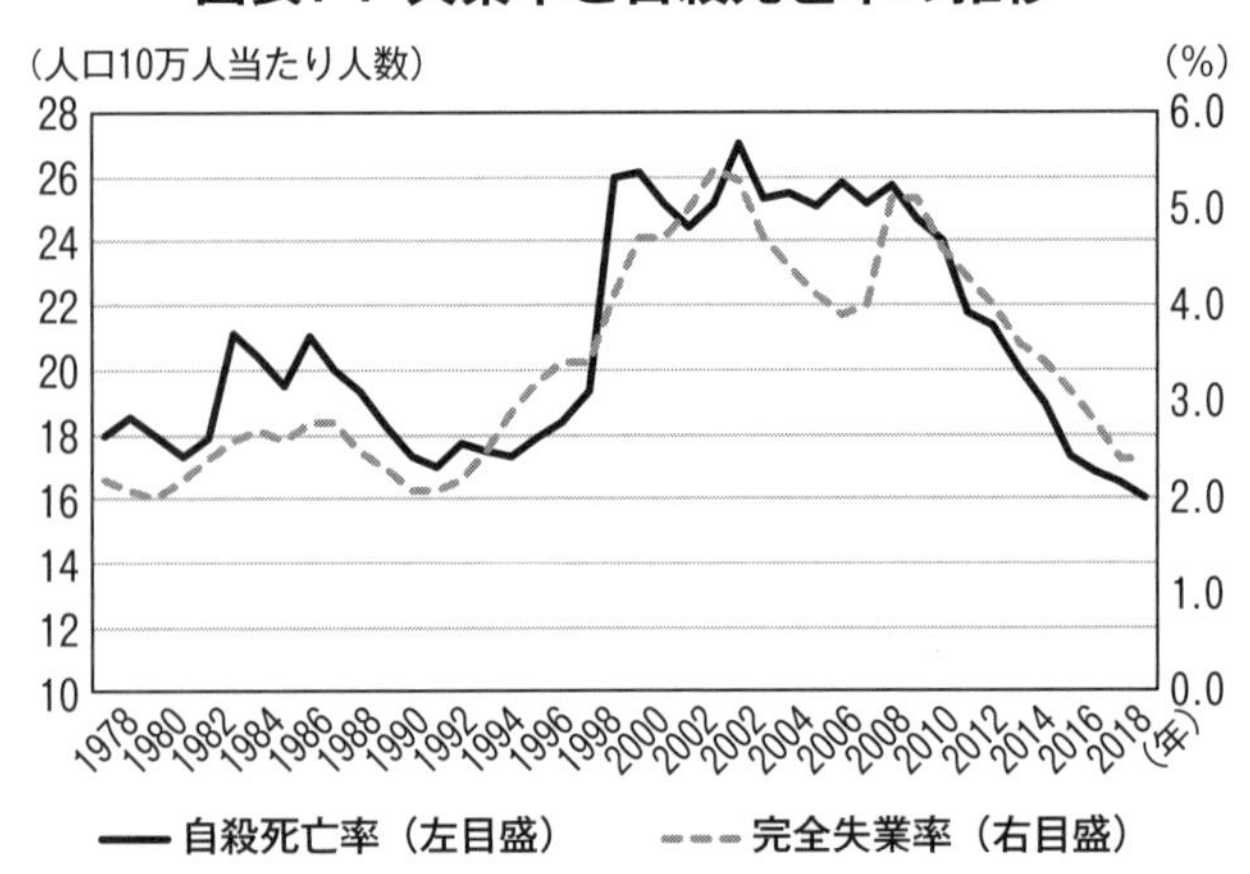

注）出典は、厚生労働省自殺対策推進室・警察庁生活安全局生活安全企画課「令和元年中における自殺の状況」および総務省「労働力調査」（各年版）。

感染症対策として、移動の抑制などの経済へのダメージが大きい施策がとられると、最終的に倒産や失業が増えて、自殺者が増加する。感染症の死亡者数を減らそうとすると、経済要因の死亡者数が増えるという意味で、まさに両者は「両立不可能」なトレードオフ関係である。

感染症対策と経済のトレードオフ

このトレードオフ関係を簡単な概念図に表したものが、図表1－2である。縦軸に感染症の死亡者数、横軸に経済要因の死亡者数が示されており、それぞれ原点0から離れるほど（感染症の死亡者は上にゆくほど、経済要因の死亡者は右にゆくほど）、死亡者数が増加する。

左上から右下にかけて曲線（太い実線）が描かれているが、これがトレードオフの関係を示したものである。例えば、今、我々は左上のA点にいると仮定しよう。A点は、感染症の死亡者が大勢いる一方、経済要因の死亡者数は少ない。第一波の時のような状況である。

ここで、感染症の死亡者数を減らすために、政府が国民に対して外出・移動の自粛要請を出すと、景気が急速に冷え込む。しばらくすると、失業や倒産が増えて経済要因の死亡者が増加することになる。この状態が真ん中のB点である。A点から比べると、感染症の死亡者数は減ったが、経済要因の死亡者数は増えている。

さらに、政府が緊急事態宣言を発令し、国民に厳しい行動制限を迫ると景気がもっと落ち込む。感染症の死亡者数はうんと減らせるが、その代わりに失業や倒産がさらに深刻化して、結果的に経済要因の死亡者が大量に発生する。これがC点の状況である。

図表1-2　トレードオフの概念図

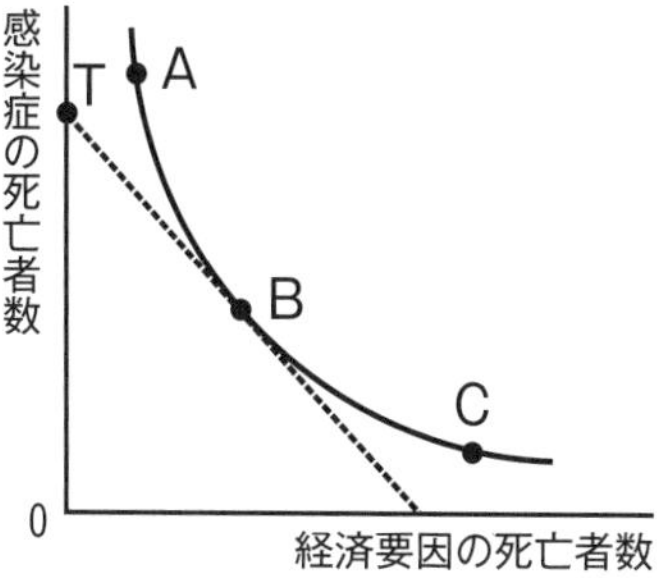

トレードオフは曲線関係

ここで、トレードオフの関係が点線のような直線ではなく、A点、B点、C点をつなぐ曲線になっている理由は、次のようなものである。例えば、A点からB点への変化をみると、感染症の死亡者数が大きく減少している一方で（縦方向の変化）、経済要因の死亡者数はわずかにしか増えていない（横方向の変化）。A点のようにまだ何も対策を行っていない段階で、感染症の死亡者が大量にいる状態では、少しでも対策を行えば、大きな効果が得られるのである。つまり、少ない犠牲（経済要因の死亡者）で、多くの感染症の死亡者を防ぐことができる。

しかし、B点からC点までの変化をみると、感染症の死亡者数をわずかに減らすために（縦方向の変化）、より多くの経済要因の死亡者を犠牲にしている（横方向の変化）。それは、B点では、ある程度の感染症対策を実施して、既に効果が出てしまっているためである。これ以上のことをやろうと思えば、緊急事態宣言などの経済的ダメージが大きい施策をとらざるを得ず、経済要因の死亡者をたくさん出してしまう。

感染症対策と経済の最適なバランス

この時、政府は感染症対策と経済のバランスをどのように取るのが適切であろうか。言い換えれば、政府は図中のA点、B点、C点、あるいはそれ以外の無数の点のうち、どの点を選ぶべきなのであろうか。

感染症だろうと自殺だろうと人命の価値は同じと考えると、「感染症の死亡者数と経済要因の死亡者数の合計」を最小化する点を選ぶのが良さそうである。つまり、B点である。この時、感染症の死亡者数と経済要因の死亡者数は同数ずつ発生することになる（少し技術的な説明になるが、図表の中で、感染症の死亡者数と経済要因の死亡者数の合計は、点線の45度線と縦軸が交差する切片Tで表される。トレードオフの曲線上を通る無数の45点線のうち、死亡者数合計を最小にするものがB点を通る図上の点線となる）。

もっとも、政府の判断は、社会の規範や価値観、政治家の選好など、様々な要因によって決定されるから、実際にB点が選ばれるとは限らない。

例えば、新型コロナウイルスの死亡者のほとんどは高齢者である一方、経済的要因の死亡者はほぼ現役層である。現役層の方が高齢者よりも先行き長い人生を生き、子どもや配偶者などの扶養すべき家族も多い。したがって、高齢者をある程度犠牲にしても、現役層を犠牲にしたくないという判断をする政府があってもおかしくはない。その場合には、A点が選ばれることになる。実際、スウェーデンやブラジルでは、感染症の死亡者が発生しても、経済重視の姿勢を貫いてきた。A点のように、経済要因の死亡者数が少なく、感染症の死亡者数が多い点を目標にしていたと言えるかもしれない。

一方、新型コロナの死亡者数ばかりにマスコミや国民が注目している場合には、政府は感染症の死亡者数だけを減らそうとして、C点を選ぶかもしれない。実際、経済が悪化して、自殺者数が増えるには少し時間がかかる。また、緊急事態宣言でどれぐらい経済にダメージが及ぶのかは、やってみなければわからない面がある。このため、我が国は、第一波が発生していた初期の段階では、明らかにC点のような目標を持っていたように思われる。

懲りねば悟らん

しかし、2020年4月7日に発令した緊急事態宣言によって、日本経済は想像を絶する落ち込みを経験することになった。休業を余儀なくされた人々が大量に発生し、失業率が急上昇する恐れが出てきたのである。このため、5月末からは緊急事態宣言を解除し、徐々に経済重視の姿勢をとってきた。

緊急事態宣言までの動きを主導した「新型コロナウイルス感染症対策専門家会議」も解散し、感染症学者だけではなく、経済学者などもメンバーに入った「新型コロナウイルス感染症対策分科会」も立ち上げた。その後、６月からは第一波の新規感染者数を超える第二波がやってきたが、政府は再び緊急事態宣言を発令することはなかった。

これは明らかに、Ｂ点のような政策スタンスに、政府がシフトしたことを物語っている。国民の側も、新型コロナに対する当初の恐怖感がだんだんと薄れ、一方で、緊急事態宣言を経験したことで、その恐ろしいばかりの経済的破壊力がよく認識できた。現在は、政府のこの政策バランスを概ね支持しているように思われる。

ハンマーとダンス

今後、Ｂ点のように経済と感染症対策のバランスをとった政策を続けるということは、およそ以下のように事態を推移させるということである。

第一に、新規感染者数がある程度増えても、医療提供体制が限界に達するまではできるだけ事態を許容する。

第二に、医療崩壊が起きた場合には死亡者数が急増してしまうから、医療提供体制が限界

図表1-3 今後の感染者数の推移

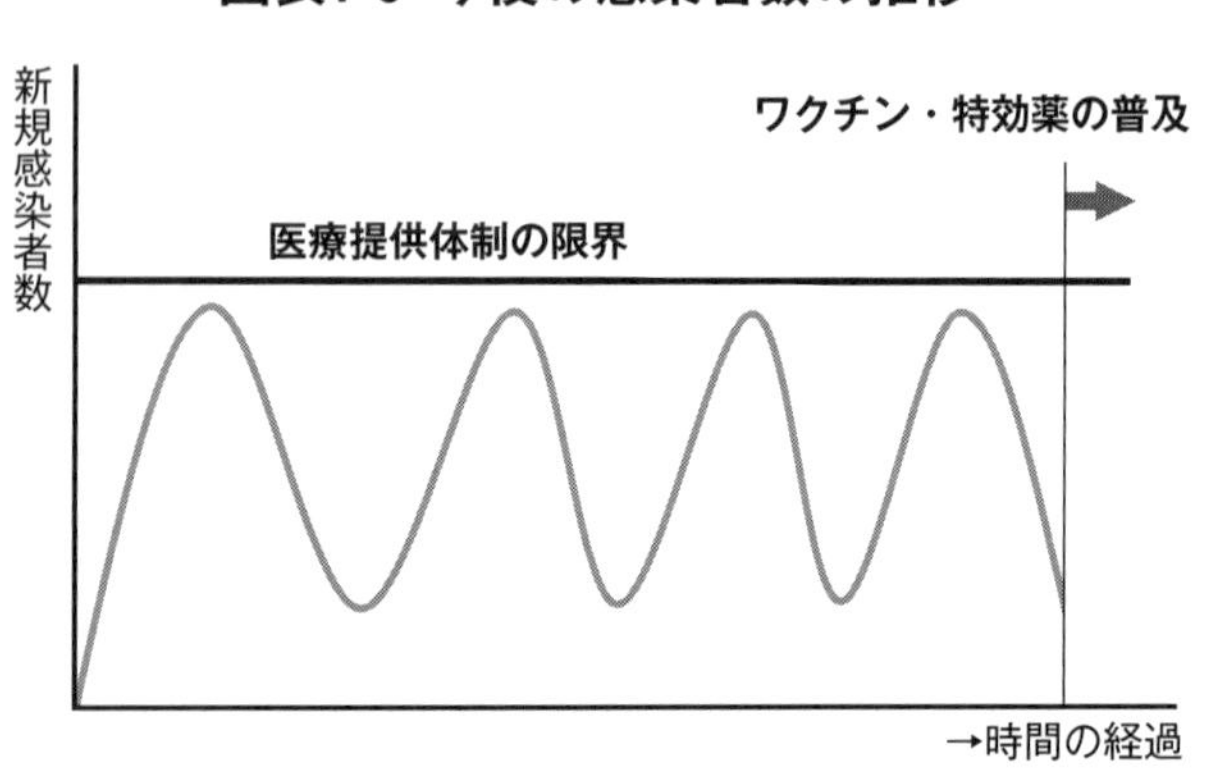

に達する少し前に手を打つ。その場合にも、できるだけ経済へのダメージが少ない順に対策を実施する。休業要請や外出・移動自粛の要請をする場合には、業界や地域を区切った限定的なものにして、全国一律の緊急事態宣言は、本当に最後の最後の手段とする。

第三に、対策によって新規感染者数が減少しても、ゼロになるところまでは目指さない。

第四に、経済活動の水準を上げれば、再び感染者数は増加するが、再び、医療提供体制が限界になるまでは事態を許容する。

第五に、この繰り返しをワクチンや特効薬が開発・普及されるまで続ける。

イメージとしては図表1－3のようになるが、これは感染症専門家が「ハンマーとダンス（The

Hammer and the Dance)」と呼ぶものである。すなわち、感染者数が増えたら政策によってハンマー（金槌）を振り下ろすように強攻策をとり、減ってきたらウイルスとダンスを踊るように共存をエンジョイするというものである。

感染症対策と経済を両立させる政策

ただ、感染症対策と経済のトレードオフ上でバランスをとり続ける以上は、経済もフル稼働できないし、感染症患者も存在し続けるという苦しい状況が続く。この状況をブレーク・スルーするにはどうしたら良いだろうか。それは、感染症対策と経済の「トレードオフ構造自体を変えるための政策」を実施することである。

図表１－４を見てみよう。A点、B点、C点の上に描かれている曲線は図表１－２と同じトレードオフ曲線である。この上で政策を考える限り、感染症の死亡者と経済要因の死亡者のどちらをどれぐらい犠牲にするかという難し

図表1-4　トレードオフ構造の変化

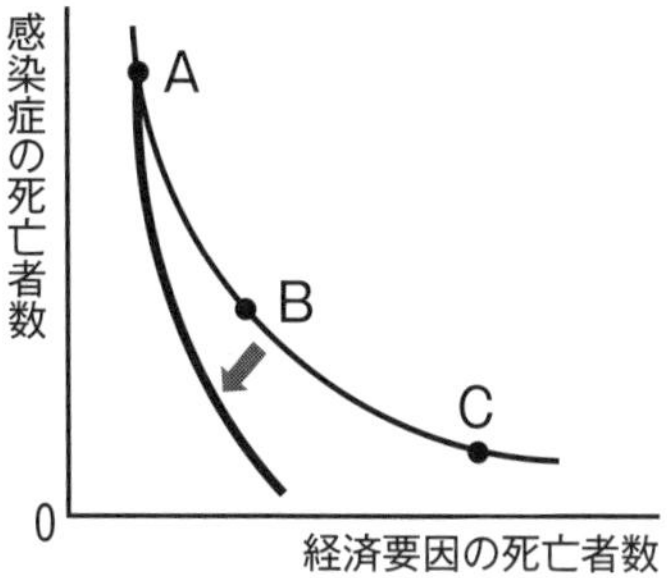

い判断に迫られる。Ｂ点を選んで、経済と感染症対策のバランスをとることはできるが、それ以上、経済活動は拡大できないし、感染症対策も前に進めることができない。つまり、感染症対策と経済対策の両方を進めるという「両者化」を図ることができない。

そこで、このトレードオフの曲線自体を変化させるのである。具体的には、図表１－４の太い曲線のようにトレードオフをシフトさせる。この場合には、感染症の死亡者数を減らしても（縦方向の変化）、経済に大きなダメージを与えず、経済要因の死亡者数をあまり発生させずに済む（横方向の変化）。つまり、感染症対策と経済の両立化が可能となる。

ちなみに、マスコミなどが「Ｇｏ　Ｔｏキャンペーンで経済との両立化を進めるべきかどうかが現在問われていますす」などと、盛んに「両立化」という言葉を使ったが、これは間違った使い方である。Ｇｏ　Ｔｏキャンペーンで経済を活性化するということは、感染を広げることになるから、これはトレードオフ曲線上の変化（例えばＢ点からＡ点への変化）にすぎず、トレードオフ曲線をシフトさせることではない。

現実には、どのような政策を行えば、トレードオフ構造を変えることができるのだろうか。

無駄を承知で空き病床確保

第一に、新型コロナウイルスに対する医療提供体制をケタ違いに強化する。経済活動が活発になって新規感染者数が激増しても、医療崩壊が起きないだけの大キャパシティーを確保するのである。これは、図表１－３の中で表現すると、「医療提供体制の限界」と書かれた黒実線をずっと上に引き上げるイメージとなる。

そのためには、政府が行った、平時の体制を保ちながら、医療機関に少しずつ病床提供の協力依頼を行う程度の施策ではダメである。有事には有事の発想をしなければならない。詳しくは第４章で論じるが、新型コロナ患者専用に、時限的に専門医療機関、専用病床、ＩＣＵ（集中治療室）をたくさん設置（新規増床もしくは一般病床から転用）し、現在の病床規制の枠外に位置付ける。

そして、感染収縮期で、たとえ新規感染者数がいなくなっても、別の病気の入院患者を病床に受け入れさせず、空き病床（空床）や医療スタッフをそのままキープしておく。病床を別の病気の入院患者で埋めないようにするのは、それをしてしまった場合、いざという時に急に空けられないからである。当然、その分の金銭的補償は十分すぎるほどに行う。政府が決める医療サービスの価格（診療報酬）で金銭補償を行おうとすると、これは平時のやり方であるから、なかなか思い切ったことができない。医療機関への交付金で対処するのが良い（後述の第二次補正予算で、ようやく空床確保の交付金が作られたが、まだまだ一般病院への補助額が少ない。交付期間も限られているという問題がある）。

たとえるならば、真夏のピーク時の電力需要に備える電力会社のようなものである。電力会社は、電気事業法によって、いかなる条件下でも電力供給を行うことが義務付けられている。このため、国民が一斉にクーラーをつける真夏の昼時のピークのために、普段は動かさない老朽火力発電所を多数抱えている。ピーク時だけ、高コストの火力発電を動かすのである。

新型コロナ対策も同じである。新型コロナ患者数が急増したピーク時に常に備えることは、確かに医療保険財政にとっては無駄な浪費である。しかし、それで安心して経済をフル稼働できるのであれば、日本経済全体としては安い必要経費と言える。

都道府県間や地域内の医療資源融通

また、新型コロナの感染者数が増加する時には、経済活動が盛んな都市部から始まり、都市部の医療機関の病床がまずひっ迫する。一方で、地方の医療機関はその時にはまだ余裕があるのだから、県をまたいでコロナ患者を受け入れる体制を作ることが必要である。逆に、地方に感染の波が広がった時に、都市部の感染者数が既に減少を始めていれば、地方から都市部の医療機関にコロナ患者を移せば良い。地方からさらに患者の少ない地方に移しても良い。これは都道府県が個別にできる調整作業ではないので、厚生労働省が行う必要がある。

同様に、新型コロナ患者を受け入れている大病院の病床や医療スタッフがひっ迫している時でも、中小病院や診療所は、コロナ感染を恐れて患者が来なくなっているので、余裕がある場合が多い。診療所などの医療スタッフが、近隣の大病院に行って協力できるように調整できれば、コロナ患者受け入れ病院のキャパシティーをより拡大できる。たとえ感染が拡大している都市部の中でも、地域内の医療機関同士が協力し合う余地はまだまだ存在する。

ポイントは、診療所などの医療スタッフが協力する際の金銭的措置であろう。診療報酬がきちんと協力側の診療所などに入る工夫が必要である。診療所の開業医たちは日本医師会という強力な業界団体を持っているので、平時の仕組み（第４章で詳しく説明する「中医協」）を使っても、迅速に対処ができると思われる。一方、コロナ患者受け入れ病院に何ら協力をしていない中小病院や診療所に、経営が苦しくなっているからという理由だけで、国が財政支援を行うのは問題である。コロナ患者受け入れ病院への協力はもちろん、少なくともオンライン診療（遠隔医療）を行うぐらいの努力を条件にしてはどうか。

世代間不公平としてのコロナ禍

第二に、働き盛りの現役層の経済活動をストップするのではなく、感染による死亡リスクの高い高齢者に外出・移動制限をしてもらい、その安全を確保する。

今回の新型コロナウイルス感染症の著しい特徴は、死亡者のほとんどが高齢者だということである（図表1－5）。高齢者の中でも、特に、糖尿病、高血圧、腎臓疾患などの基礎疾患を持っている場合に死亡リスクが高い。6月末までの死亡者325人に対する東京都の調査によれば、実に死亡者の約6割が基礎疾患を持っていた。

一方で、50歳未満の死亡率は極めて低い。基礎疾患を持っている場合を除き、たとえ感染したとしても大事に至る可能性は極めて低いと言えよう。つまり、現役層の人々については、通常の経済活動を行ってもほとんど問題がないレベルである。問題は、現役層の無症状者・軽症者が発生した場合に、彼らが高齢者に接触し、感染させてしまうことである。政府が当初、緊急事態宣言で経済をストップさせたのは、実は現役層のためではなく、高齢者のためだったのである。

図表1-5　年齢別・性別の新型コロナウイルス感染死亡者数

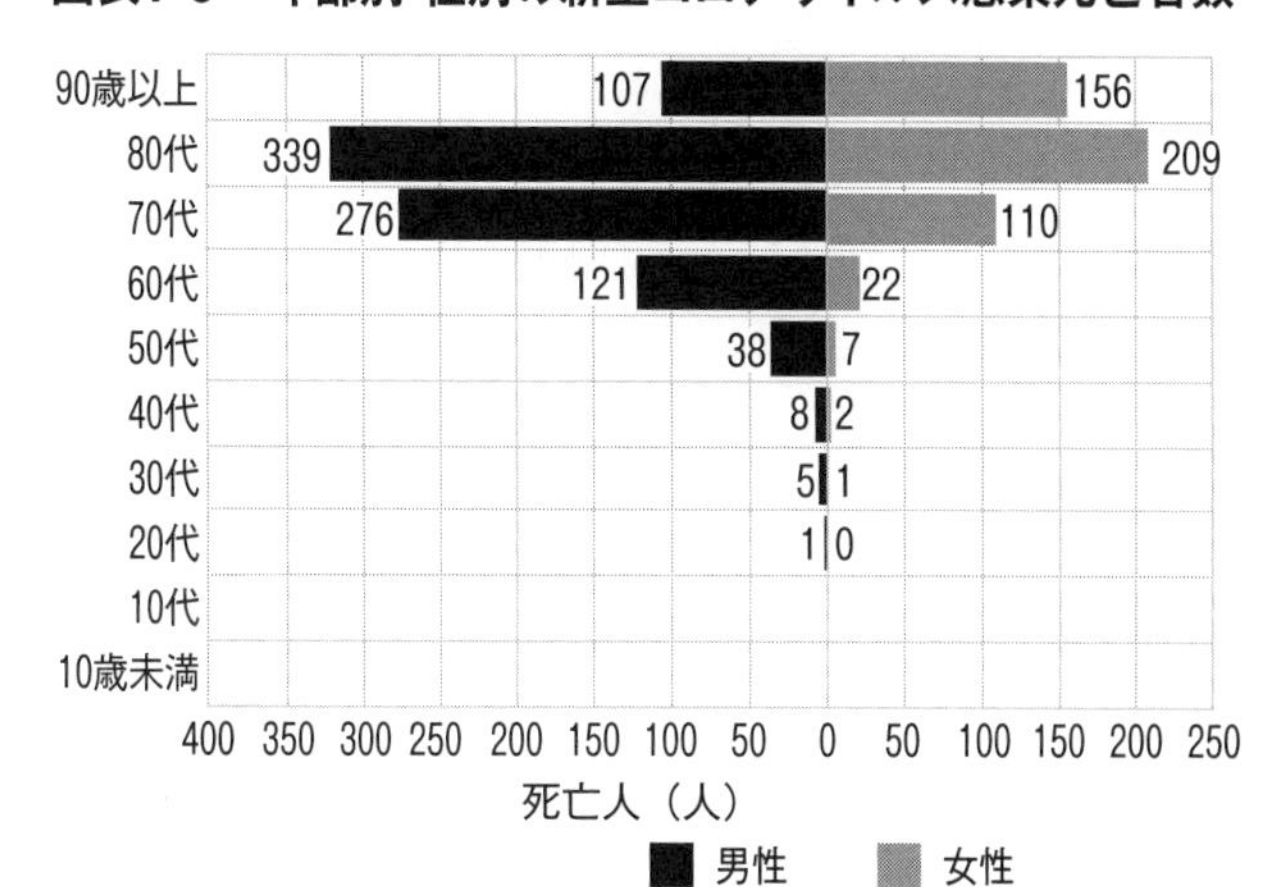

注）2020年10月12日時点。

出典：国立社会保障・人口問題研究所「新型コロナウィルス感染症について」www.ipss.go.jp/projects/j/Choju/covid19/index.asp，自治体が公表した情報に基づく。

しかし、失業や収入減少という形で、その負担を主に負ったのは現役層である。一方、高齢者が受け取る年金額はびた一文減らされていないどころか、年金生活者にまで一人当たり10万円の特別定額給付金が配られた。

本来、緊急事態宣言の恩恵をもっとも受けたはずの高齢者が負担をほとんどせず、恩恵を受けない現役層が主に負担するという政策は、いびつである。まさに、シルバー民主主義であり、これまでの新型コロナ対策は明らかに「世代間不公平」の要素を持っている。

高齢者の方を制限

そこで、むしろ高齢者（特に基礎疾患を持つ高齢者）の側に、外出・移動自粛や子ども世帯との別居という形の負担をしてもらえれば、現役層は活発に経済活動が行え、子どもたちはきちんと学校に通学できる。日本経済へのダメージは最小限にできる。

新たにアパートを借りるなどして、子ども世帯から一時的に別居する高齢者（もしくは高齢者世帯から別居する子ども世帯）には、家賃の一定額を補助してはどうか。ワクチンや特効薬が開発・普及されるまでの期間であるから、財政規模も大きな対策となるが、それで経済がフル稼働できるのであれば安いものである。

今までとは逆転の発想であるが、都市部を中心に見えない市中感染が広がっている現状を考えると、現役層や子どもたちの側に外出・移動制限を行うよりも、高齢者側を制限する方がはるかに現実的である。

一方、ＰＣＲ検査を短期間に大量に行って、国民を感染者と非感染者に分け、感染者を隔離してしまえば、非感染者は自由に経済活動できるという主張[1]もあるが、第４章に述べるように現実にはなかなか難しい。それよりも、高齢者を隔離もしくは分離する方が、実現性が高いだろう。

ただ、日本のようなシルバー民主主義社会では、これは一種のタブーの議論なのかもしれない。実はこれまでも、そのような提案を行った研究者はいるが[2]、新聞やテレビで取り上げられることはほとんど無かった。

Go To 観光疎開

しかし、何も高齢者の隔離・分離を暗いイメージで語る必要はない。例えば、感染を都市部から地方に広げると批判されている「Go To トラベル」であるが、高齢者を対象に「Go To 観光疎開」として、感染者が少ない地方へ、高齢者の長期滞在を促すものにしても良かったと思われる。もちろん、事前にPCR検査を受けてもらって、疎開する高齢

1　小林慶一郎・奴田原健悟「コロナ危機の経済政策――経済社会を止めないために「検査・追跡・待機」の増強を」小林慶一郎・森川正之編著『コロナ危機の経済学　提言と分析』日本経済新聞出版、第1章、2020年
2　木村もりよ・関沢洋一・藤井聡「高齢者と非高齢者の2トラック型の新型コロナウイルス対策について」独立行政法人経済産業研究所・特別コラム（新型コロナウイルス――課題と分析）https://www.rieti.go.jp/jp/columns/a01_0584.html

者が陰性であることを確認しておく。例えば、長期滞在費の半分を国が負担するとすれば、むしろ大歓迎する高齢者も多かったに違いない。

観光振興として地方経済の活性化策になるし、そのままその地域が気に入って地方移住を決断する高齢者もいるかもしれない。新規感染者数が少ない地域だけをキャンペーン対象とすれば、その地域は観光振興のために、感染症対策に必死になるだろう。まさに、一石何鳥にもなる政策である。

これも財政規模の大きな施策ではあるが、その代わりに都市部の経済をフル稼働できるのだから、日本経済のメリットとしてはむしろお釣りが来るぐらいである。もちろん、もともと感染者が少ない地方の高齢者を対象にする必要はない。都市部の高齢者も、老人ホームなどに入所している要介護者は対象にならない。

その他の施策

その他、経済活動を活発化させても感染者数を増やさないための両立化策として、

①テレワークを促進し、テレワークの生産性を上げるための5G網や無料Ｗｉ－Ｆｉ、シェアオフィスの整備（外出・移動をしなくても、労働生産性を上げ、経済の活力を阻害しないよ

うにする）
②家庭でテレワークをしやすくするための改装・改修費の補助
③テレワークのために新たに住宅を購入・賃貸する場合の補助や減税
④宅配サービスの費用を下げるための補助や宅配業者への減税（宅配を利用しやすくして、買い物のための外出頻度を少なくする）
⑤通勤時の電車やバスでソーシャル・ディスタンスを保てるように、時差通勤にインセンティブ（ピークロード・プライシング）を付ける。あるいは、混雑しないように、電車やバスの運行頻度を維持することへの補助や減税
⑥自家用車の保有コストを下げるための各種減税や高速料金引き下げ（電車やバスよりも、接触が少ない自家用車での移動を促す）
⑦官公庁や市役所に足を運ばず、オンライン上で全ての手続きを完了するための「電子政府」の推進強化

などが考えられる。これらはほんの一例にすぎず、その他にも、それぞれの職場、家庭、学校、地域ごとに、大小様々な工夫が考えられるだろう。

第2章

戦後最大の経済対策はやりすぎか

戦後最大の景気落ち込み

２０２０年1月以降、新型コロナウイルスが広がる中で、日本経済はつるべ落としのような景気急落を経験している。図表２－１の黒色実線に見る通り、緊急事態宣言の期間を含む２０２０年４～６月期の実質ＧＤＰは前期比でマイナス28・１％（第２次速報値）であり、リーマンショック時（２００９年１～３月期）のマイナス17・８％を超えて、戦後最大の下げ幅となった（図表の灰色実線は、リーマンショック時のもの）。

そもそも日本経済は２０１８年10月から景気後退局面に入っていたが、それにもかかわら

図表2-1 日本経済の実質GDP成長率の推移

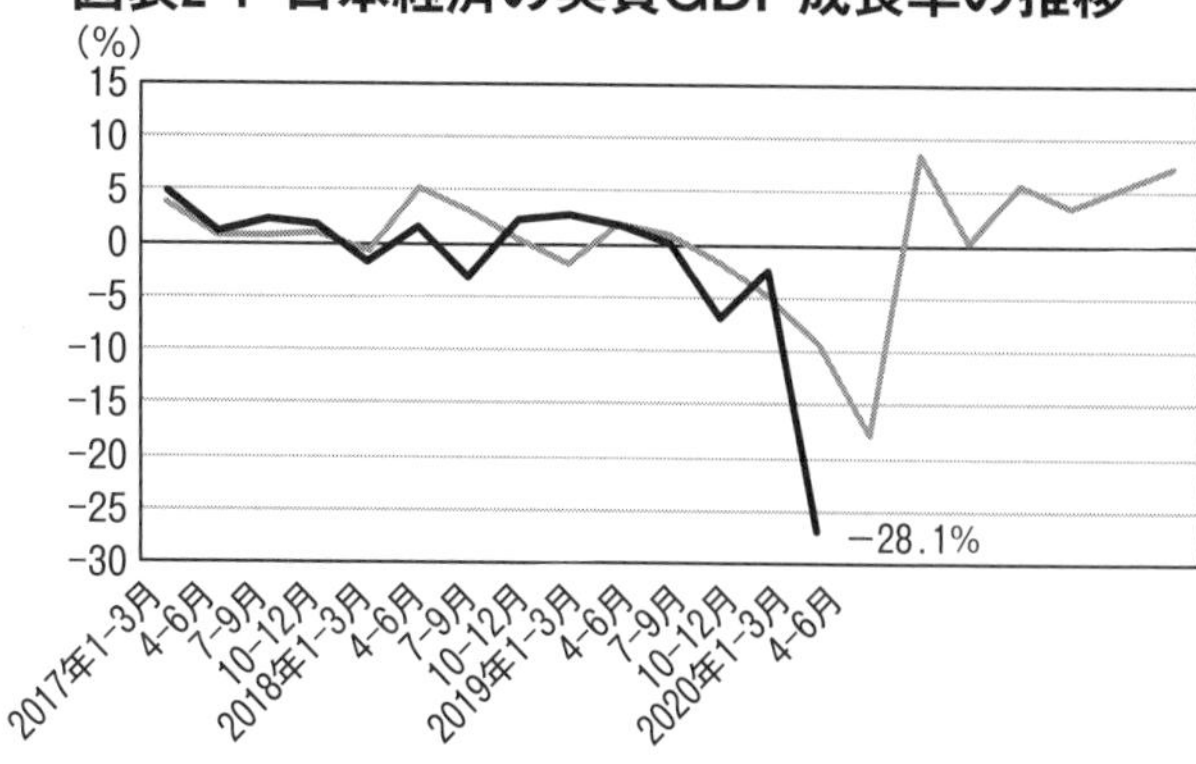

注）実質季節調整系列の前期比（年率）。出典は、内閣府「四半期別GDP速報」より。2020年4～6月期は第2次速報値である。灰色の線がリーマンショック時。

ず２０１９年10月に消費税率を８％から10％に引き上げたため、２０１９年10～12月期の実質ＧＤＰはマイナス７・１％の大きな落ち込みとなった。そこにコロナ禍が起き、日本経済は往復ビンタのように二重のショックに見舞われたのである。

当然、景気が悪化しているのは、観光業や飲食業などのサービス業ばかりではない。また、新型コロナウイルスは全世界的なパンデミックとなり、世界の津々浦々までの同時不況となっているから、輸出に頼る製造業のダメージも大きい。このままでは、リーマンショック級の不況、あるいはリーマンショックを超える不況になると目されている。

この状況に対して、政府はどのような経済対策を行っているのか。さらに、これからどんな対策を行うべきなのだろうか。

需要ショックか、供給ショックか

経済対策を考える上でまず重要なのは、不況を起こしている経済ショックが供給側のショックなのか、需要側のショックなのか、その性質を見極めることである。供給側というのは、企業などのモノやサービスを作る側の生産能力のことであり、一方、需要側というのは、消費者などのモノやサービスを買う側の購買力のことである。

需要ショック型不況の典型例は、リーマンショックである。サブプライムローンの住宅バブル崩壊をきっかけに、資産価格が急落し、消費や投資が落ち込んだ。景気対策としてはそれに代わる有効需要を作り出せばよいから、政府が公共投資を行ったり、減税を行って消費を喚起するなど、財政政策を発動することが基本となる。もちろん、金融緩和を同時に行わないと、為替が円高になって輸出が減少し、景気対策の効果を減殺するから（マンデルフレミング効果）、金融政策と財政政策の政策協調が重要であることは言うまでもない。

一方、東日本大震災時のように、供給ショック型不況は一筋縄にはゆかない。津波で生産設備や労働者が流され、需要があってもモノが作れないという供給不足に陥る。ここで、需要ショックと同じように財政政策を行って有効需要を作り出すと、モノ不足がますます深刻となってインフレが起きてしまう。いくら有効需要があっても、生産能力が追い付かないのだから景気は回復しない。「経済ショックが来れば、大規模な補正予算を組む」というのが、政府・与党の昔から変わらぬステレオタイプであるが、その発想ではうまくいかぬ時もある。

このような供給ショックの場合には、生産者の供給能力回復を促すための助成金や、事業継続のための融資支援を行いながら、その復興を我慢強く待つしかない。もちろん、供給ショックが起きた場合でも、続いて需要落ち込みが起きるのが普通であるから、全く財政政策が不要という訳ではない。需要ショックが生じている分に対しては、財政政策が有効である。

計画化された不況

今回のコロナショックの場合は、供給ショックなのだろうか、需要ショックなのだろうか。それとも、その両方なのか。あるいは、全く別種のものなのか。

まず初めに注意すべきは、前年10月の消費税引き上げにより、コロナショックの前から景気悪化が起きていたという事実である。この分は明らかに需要ショックであり、政策的に作り出された景気悪化であるから、対処方法も簡単である。消費税率を元の水準に下げたり、財政政策でその分の有効需要を作り出せばよい。

問題は、その後のコロナショックの方である。外出・移動の自粛要請で、飲食店や観光地での消費ができなくなっている面をみると、需要ショックのようにも思える。しかし、実は消費者の購買意欲は依然として旺盛なのである。決して需要が落ち込んでいるのではなく、消費者はできれば外食もしたいし、旅行だってしたいのである。ただ、物理的にそれができなくなっているだけである。

したがって、いくら給付金を配ったり、助成金で消費を喚起しても、消費が元に戻る訳ではない。むしろ、無理に政策で消費を刺激すると、経済活動の活発化に伴って感染者数が増え、ますます事態が悪化するという困った側面がある。

それでは、コロナショックは供給ショックなのかと言えば、これも単純にそうだとは言えない。確かに休業要請によって、飲食店などがサービス提供できなくなっている面をみると供給ショックのようだが、生産設備や労働者が津波にさらわれてしまった訳ではない。飲食店も、ホテルも、そこで働く従業員も、そのままそこに存在しており、ただ、物理的に供給能力を使うことができなくなっているだけである。したがって、供給能力の回復を待っていても仕方がないし、復興支援も不必要である。

著名なマクロ経済学者であるグレゴリー・マンキュー教授（ハーバード大学）は、コロナショックのこうした特徴を「計画化された不況（recession by design）」と呼び、通常の「外的なショックによる不況（recession by accident）」と区別すべきとしている。政府が供給面と需要面の制限を計画し、自分で自分の首を絞めるように、人為的に不況を引き起こしていると言うのである。

新型コロナ経済対策の基本戦略

したがって、自分で首を絞めなくて済むように、状況を変化させることが最大の経済対策となる。すなわち、前章に説明した「感染症対策と経済のトレードオフ構造を変えるための施策（感染症対策と経済の両立化策）」を進めることこそが、コロナショックに対する経済対策の基本戦略となる。

すなわち、①経済活動のレベルを上げても新規感染者や重症者があまり増えないようにする、②新規感染者や重症者が増えても、医療崩壊が簡単に起きないような医療提供体制の大強化策を行う、③感染症対策で外出や移動ができなくても、ＩＴ化・デジタル化で労働生産性を高め、供給能力を保つ。また、同様にＩＴ化・デジタル化で、家の中からでも消費や投資が自由にできるようにし、既にある需要を顕在化させる。

こうしたことが実施できれば、もともと需要は旺盛であるし、供給能力はそのまま維持できているので、日本経済は自然に回復してゆく。むしろ、消費や投資をこれまで我慢させられていた分、解き放たれたリベンジ消費や繰越需要（ペントアップディマンド）は力強いはずである。そうなれば、政府の財政政策は、あまり大規模にしなくても済む。

ただ、このトレードオフ構造を変えるための政策を立案し、実行に移すためにはある程度時間がかかる。それまでに、企業が倒産したり、大量の整理解雇が行われてしまえば、生産能力が棄損して本当の供給ショックとなる。したがって、企業経営がしばらく維持できるように、金融政策や政府の信用保証などで融資支援・資金繰り対策をしっかり行うことが重要である。融資だけではなく、ある程度までは金銭的補償もやむを得ないだろう。もちろん、不必要なキャッシュアウトを防ぐために、納税猶予や社会保険料の納付猶予を行うことは当然である。

バラマキをやめ、賢い財政支出を

さらに、コロナショックで休業したり、失業したりする人々の生活を支え、供給能力を維持しておいてもらうための生活支援策や資金融資も必要である。特に、今後はホームレスになる人々や生活困窮者の数が増えるから、セーフティーネットをきちんと準備しておかなければならない。これらは日本経済の需要面の底割れを防ぐという意味もある。

むろん、①消費税引き上げによる消費・投資減、②海外からの観光客がいなくなり、インバウンドの消費が消失した分、③世界同時不況で発生している輸出減、④新型コロナに対する恐怖感・不安感で消費が落ち込んでいる分に対しては、財政政策を行って有効需要を補う必要がある。また、⑤世界的な貿易制限・移動制限で、サプライチェーンが寸断されて生産能力が落ちてしまった部分に対しては、新たなサプライチェーンを構築するための支援策を講ずるべきである。

ただし、やみくもに大規模な補正予算額を積み上げればよいというものではない。よく知られているように、政府は１９９０年のバブル崩壊以降、莫大な財政赤字を毎年発生させている。その累積額である「国及び地方の長期債務残高」は、コロナ禍が本格化する前の２０１９年度末の時点で、既にＧＤＰの２倍となる約１１１７兆円に達している。この借金まみれの状況を考えれば、効果の薄いバラマキ政策を行う余裕はなく、きちんと効果が期待できる対策を選ぶべきである。有効需要になる割合が高い対策項目を選び、さらに将来的に利益や利便性が生み出される賢い支出（ワイズスペンディング）とすることが望ましい。

問題の多い10万円給付金

さて、以上の「新型コロナ経済対策の基本戦略」に照らして、現実に行われた政策はどのように評価できるのだろうか。

政府は新型コロナ経済対策として、２０２０年4月末に第一次補正予算、6月に第二次補正予算を成立させた。総額２３３・9兆円という過去最大規模の経済対策であり、有効需要としてＧＤＰに寄与する真水部分も約60兆円存在する。主な対策項目は図表２－２にまとめた通りである。これらをどうみるべきか。

第一に、今回の経済対策の目玉となった国民一人当たり10万円の特別定額給付金であるが、はっきり言って問題の多い施策である。まずもって、政策として何を目指しているのかが不明確である。一刻を争う緊急事態であったことを割り引いても、バラマキ色が強すぎると言わざるを得ない。

まず、もし有効需要を生み出すための財政政策としてみるのであれば、効果があまりにも小さいと考えられる。政府は、過去にも同じような定額給付金を配ったことがあるが、消費された分は給付金額の4分の1にすぎなかったことが知られている。[3] つまり、大半が貯蓄に回ってしまってGDPにあまり寄与しなかったのである。今回もおそらく同じか、それ以下であろう。

一方、休業者や失業者、収入が減少した人々など、生活困窮者に対する生活支援策とみるのであれば、対象範囲が広すぎるし、一人当たりの金額も不足している。この点では、むしろ10万円給付に変更される前の「減収世帯に限定した30万円給付」の方が適切であった。

ただ、確かに我が国は国民の所得や資産が、行政はおろか税務当局にすらしっかりと把握されていないため、誰が支援を必要とする人か、そうでないのか見分けられないという問題がある。特別定額給付金を配るに当たって、いちいちその審査をしていては、膨大な時間がかかるので、便宜的に「ストライクゾーン」を広くとったということは理解できる。しかし、それならばまず、本人の申請を信じて給付金を配り、その上で「事後的」にゆっくり審

3　内閣府政策統括官（経済財政分析担当）「定額給付金は家計消費にどのような影響を及ぼしたか――「家計調査」の個票データを用いた分析――」政策課題分析シリーズ8
https://www5.cao.go.jp/keizai3/2011/04seisakukadai08-0.pdf

	個人向け	個人事業主・企業向け
貸付・融資支援・納税猶予等	・**緊急小口資金貸付**の特例（休業者等に最大20万円）	・**無利子・無担保融資**（新型コロナウイルス感染症特別貸付として、日本政策金融公庫等から融資後3年間まで0.9％金利引き下げ、商工中金による危機対応融資）
	・**総合支援資金（生活支援費）貸付**の特例（単身者一人当たり月額15万円、扶養者がいる場合20万円）	・**セーフティネット保証**（信用保証協会が、一般保証限度額とは別枠で債務保証を拡大）
	・**緊急特別無利子貸与型奨学金**	・**林業・木材産業信用保証**
	・事業収入が減少する場合の**納税猶予**（国税・地方税）の特例	・**農林漁業セーフティネット資金**
	・**公共料金の支払い猶予**	・**福祉関係施設に対する無担保・無利子資金融資**拡大（独立行政法人福祉医療機構）
	・**社会保険料の支払い猶予**	・事業収入が減少する場合の**納税猶予**（国税・地方税）の特例
		・民間銀行の融資を裏付ける**日銀の金融政策**（新型コロナウイルス感染症対応金融支援特別オペ、ETF購入上限引き上げ、中小企業支援のための30兆円の資金供給枠設定など）

図表2-2 新型コロナ経済対策の主な項目

	個人向け	個人事業主・企業向け
給付・助成	・**特別定額給付金**（国民一人当たり10万円）	・**持続化給付金**（売上高が50%以上減少している事業者に対して、個人事業主が最大100万円、法人が最大200万円支給）
	・**住居確保給付金**（失業・休業者等に、最長9ヶ月まで家賃額支給）	・**家賃支援給付金**（売上高が50%以上減少している個人事業主や中小企業に対する家賃補助。個人事業主が月額最大50万円、法人が最大100万円で6ヶ月分支給）
	・**ひとり親世帯臨時特別給付金**（児童扶養手当対象世帯5万円+第２子以降一人につき3万円）	・**雇用調整助成金の特例措置**（休業手当に対する助成対象、助成上限額、助成率の引き上げ）
	・**子育て世帯への臨時特別給付金**（児童一人当たり1万円）	・各自治体別の休業協力金
	・**学生支援緊急給付金**（住民税非課税世帯の学生一人当たり20万円、それ以外の学生10万円）	・**働き方改革推進支援助成金**（テレワーク導入を進める中小企業に対して、通信機器の導入費用として上限300万円までの補助）
	・**新型コロナウイルス感染症対応休業支援金・給付金**（雇用調整助成金を受けられない休業者への休業手当）	・小学校等の臨時休業に伴う保護者の**休暇取得支援助成金**（子どもの世話のために従業員に有給休暇を取得させた場合の賃金分の助成）
	・厚生年金保険料等の**標準報酬月額の特例改定**	・新型コロナウイルス感染症による**小学校休業等対応支援金**（子どもの世話のために、フリーランスの人々が休業する場合の賃金分の助成）
	・**Go Toトラベル**による旅行代や飲食代の補助	・**固定資産税等の減免**（2021年度の固定資産税を売上減少に応じ、最大で全額免除）
		・小規模事業者持続化補助金（コロナ特別対応型）
		・新型コロナウイルス**感染症対応従事者慰労金**（医療従事者、介護労働者への慰労金として一人最大20万円を給付）

査する方法もあり得た。もし、所得があまり減っていないのに申請をしていたことがわかれば、年末の確定申告時などに課税して取り返すことが可能である。

公務員と高齢者へのバラマキは必要だったか

また、「事前的」にも、給付対象にすべきではない人々がいる。例えば、公務員は失業の心配がなく、所得も減少していないことは明らかであるし、高齢者の年金額も特に変わらない。公務員と高齢者ははじめから外すことができたし、そうすべきであった。また、公費から過不足無い生活費が保障されている生活保護受給者も同様である。彼らにまで給付金を配り、わざわざ収入認定から外す措置（給付金の分を生活保護費から相殺しない措置）を厚生労働省が決めたことは、生活保護行政のあり方として大きな問題を生み出した。

ちなみに、その後の給付金の支給状況をみると、迅速に実施されたとは到底言いがたい。これは、税務当局が把握している個人の銀行口座番号を市役所や区役所が利用できない法律上の制限があったり、せっかくオンライン申請したものを自治体職員が人海戦術で、一つ一つ眼で見てチェックしていたせいである。各保健所が感染者情報をやり取りするためにＦＡＸを使っていることと並んで、我が国の行政インフラの不備、そのあまりのアナログぶりを象徴する事件であった。

既存施策とのダブり感

第二に、図表2－2を見ても明らかな通り、まるで雨後の筍（たけのこ）のように、新しく作られたたくさんの対策メニューが並んでいる。確かに、短期間にこれだけ多くの種類の対策を、迅速に作ったこと自体は評価すべきことなのかもしれない。

問題は、国民にとってあまりに複雑で、わかりにくいということである。さらに、実はこれらの新型コロナ経済対策以外にも、不況時のための既存施策がたくさんあって、ややこしい。次章で詳しく説明するように、失業保険やそれに付随する就業支援・生活支援策、求職者支援制度などの「第二のセーフティーネット」がその代表例である。医療保険の「疾病（しっぺい）手当」も、新型コロナ患者や家族の生活支援に使うことができる。

また、生活困窮者に対する様々な生活支援策・再建策としては、やはり既存の「生活困窮者自立支援事業」というものがある。今回、住居確保給付金や個人向けの緊急小口資金貸付、総合支援資金貸付などは、その仕組みを拡大する形で作られている。ただ、それ以外にも生活困窮者自立支援事業の任意事業として、様々な支援策のメニュー（就労準備支援事業、一時生活支援事業、家計相談支援事業、子どもの学習支援事業）がある。さらに、これも次章で説明するが、生活保護制度やそれに付随する様々な支援メニューも利用可能である。

これら既存施策と新型コロナ経済対策として新たに作られた施策には、実はかなりのダブり感がある。そもそも、既存施策は今回のような不況時のために、保険などの形で前々から準備されてきたものであるから、まずは既存施策を先に使うべきであった。既存施策では足りない、手が届かないという場合に限って、新たに公費を投入する施策を作るのが筋だが、それでは政治的にアピールできないので、不況が来るたびに屋上屋が重ねられる。

急がれるワンストップ相談窓口の設置

これでは、社会保障に関してほとんど知識が無い普通の人々が、自分に合った支援メニューを探し出し、適切に選ぶこと自体、非常に困難である。窓口も、国の各省庁、都道府県、市区町村、外郭団体や民間団体に分かれているし、それぞれに申請手続きの方法や用意する書類が異なる。正直、支援を得るまでのハードルが非常に高いと言わざるを得ない。実際、新型コロナ経済対策の対象者とみられる生活困窮者のうち、実際に支援策を利用している人の割合は、２０２０年5月末時点で2割程度にとどまっているという調査結果もある。[4]

やはり、支援窓口をどこかに一本化、ワンストップ化すべきであった。その窓口にアクセスすれば、コンシェルジュのような相談係が出てきて、その人にあった支援メニューを紹介し、申請手続きも手伝ってくれるような制度が必要である。また、外出自粛で、支援窓口への物理的なアクセスが難しいようであれば、ＬＩＮＥ相談や電話相談、手続きも全てオンライン上で完了できるような工夫もあってしかるべきである。ワンストップ窓口は自治体職員ではなかなか小回りがきかないので、生活困窮者自立支援事業を行っているＮＰＯ等の民間相談支援機関に委託することが現実的と思われる。

「待ちの姿勢」だけでは不十分

さらに、休業や失業による恐怖感・不安感を抱え、日々の生活費の確保や資金繰りなどに追われる人々は、時間的・精神的な余裕がない。せっかくの支援メニューがあっても気づかなかったり、行政の窓口に行ったり、行政のホームページを見ることすらおっくうになりが

4　周燕飛「低い申請者割合にとどまるコロナ困窮者支援事業」ＪＩＬＰＴリサーチアイ（独立行政法人労働政策研究・研修機構）https://www.jil.go.jp/researcheye/bn/041_200731.html

ちである。

そのような人々に支援策をきちんと届けるためには、行政は「申請主義」を盾に「待ちの姿勢」をしているだけでは不十分である。生活困窮者が立ち寄りそうな場所（金融機関、格安の量販店、子ども食堂など）にアウトリーチしたり、民生委員や学校、保育所、幼稚園、子育て広場などから情報を集めたり、様々な媒体で広報活動をしっかり行うことが求められる。

例えば、これは筆者が委員を務めている東京都の児童福祉審議会で聞いた話であるが、仕事と育児に疲れ切って、自治体のホームページやＬＩＮＥ相談にすらアクセスしないシングルマザーたちでも、必ず読む媒体があるそうである。それは、子どもの通う学校からのお知らせプリントである。たとえ、子どものランドセルの奥にクシャクシャになってしまわれていても、毎回、お母さんたちは奥から取り出して読むらしい。そこで、東京都の児童福祉の担当部局では、子育て支援策を紹介するプリントを、学校から配布してもらうことを始めたという。

今回のコロナショックの生活支援策についても、教育委員会に協力してもらってプリントを配布するという手もあった。また、子どもの同級生のママ友などから、口コミで伝わる情報も重要である。

行政は、とかくＬＩＮＥ相談やホームページの活用など、ＩＴ技術を活用した支援策に飛びつきがちであるが、生活困窮者の手に支援策を届かせるためには、意外にアナログな手法も役に立つのである。

50％という基準が粗すぎる

もう一つ、急いで作られた施策であることから仕方がない面があるが、それぞれの施策の制度設計がかなり粗雑であった。対象を限定するための基準が、本当に困っている人々の手に届くものになっているか、あるいは逆に基準が粗すぎて、不必要な人々へのバラマキになっていないか、調査を並行させながら微修正をしてゆく必要があろう。

例えば、現在、広範な対象に配布されている持続化給付金（個人事業主が最大１００万円、法人が最大２００万円）は、申請基準が「２０２０年１月以降、新型コロナウイルス感染症拡大の影響等により、前年同月比で事業収入が50％以上減少した月があること」という非常に簡素なものになっているため、不正や不適切な申請が行われやすい。

例えば、フリーランスの中には、契約先に頼んで、当該月に振り込まれるべき収入を１ヶ月遅らせてもらい、収入が半減する月を作り出すという「戦略的証拠作り」を行う人々がいる。また、売上高が月額100万円に満たない個人事業主の中には、開店すればある程度の収入が見込める場合でも、給付金目的で休業する動きが広範にみられる。これは予算の無駄遣いであるとともに、止めなくて良い経済活動をストップしているという意味でGDPの損失でもある。

このようなことは、50%以下という基準が粗すぎるために生じている無駄である。たとえ50%を超える収入があっても、収入減に応じてある程度の給付金が得られるように、基準額と給付額のメニューを複数化すれば良い。また、単月の売上高ではなく、複数月の売上高で判断するだけでも、戦略的証拠作りはずいぶん防げる。

おそらく同じような問題は、家賃支援給付金（売上高が50%以上減少している個人事業主や中小企業に対する家賃補助。個人事業主が月額最大50万円、法人が最大100万円で6ヶ月分支給）などでも起きているだろう。一方で、オフィスを賃貸契約せず、購入してローンを支払っている場合には、全く補助を受けられないという問題もある。これは、住居確保給付金（失業・休業者等に、最長9ヶ月まで家賃額を支給）にも当てはまる問題点である。

公共事業無しの珍しい景気対策

第三に、図表2－2をもう一度改めてみると、個人向けでも企業向けでも、とにかく給付金の類いが非常に多いことに気づかされる。一方で、従来型景気対策の代表選手である公共投資（公共工事）は、ほとんど見当たらない。

国や自治体が直接支出を行う事業としては、せいぜい第一次補正で①公共投資の早期執行等のためのデジタルインフラの推進（178億円）、②中小企業デジタル化応援隊事業（100億円）、③農林水産物・食品の輸出力・国内供給力の強化（1984億円）、第二次補正で④スマートライフ実現のためのAIシミュレーション事業（14億円）、⑤教育ICT環境整備等のための光ファイバー整備推進（502億円）が見つかる程度である。合計は3000億円程度で、補正予算額全体の0・5％にも満たない金額である。経済対策としてはちょっと珍しい状況である。

この理由は、「まずは感染症対策と国民の雇用・生活を守ることを優先すべきだ！」という世論を反映したということであろう。逆に言えば、いくら景気対策とは言え、各省庁が公共投資に予算づけすると、「コロナ対策と関係が無い不要不急の支出をするな！」という批判の声が上がるのだろう。政府はそれを恐れたのだと思われる。

ＩＴインフラへの公共投資の必要性

しかし、実は純粋に景気対策としてみれば、給付金よりも公共投資の方が効果が大きい。なぜならば、給付金は貯蓄に回る部分が大きいのに対し、公共投資であればほぼ全額が支出され、有効需要となるからである。

では、新型コロナ経済対策として、急を要する公共投資が存在しないのかと言えば、そんなことはない。例えば、コロナ禍の中でも生産性を維持・向上させるため、ＩＴ化やデジタル化の推進が不可欠である。それを支える５Ｇ網や無料Ｗｉ－Ｆｉの整備のため、大量の基地局を設置する必要がある。これはまさに情報インフラへの公共投資である。

また、自動運転やドローン、遠隔教育・遠隔医療などの先端技術を活用するスマートシティを構築するためには、新たなまちづくりや社会資本への投資が不可欠である。アフターコロナ時代を見据えて、そのような未来へ向けての公共投資を行うことは、まさに今行うべきことであるし、同時に景気対策にもなるから一石二鳥の施策である。

さらに、これから失業が本格化してゆく中で、情報インフラへの公共投資を増やせば、ＩＴ産業や建設業で新たな雇用の受け皿が生まれるだろう。それでもまだ雇用先が足りなければば、旧来型の公共投資を増やしたって良い。現在、我が国には老朽化した道路や橋梁が大量にあり、その更新投資が待ったなしの状態にある。

建設業は外で行う仕事であるので、三密対策がとりやすいし、工事する場所も人々が大勢いる市街地から離れている場合が多い。その意味でも、感染症を広げやすいＧｏ Ｔｏトラベルなどよりもよほど筋の良い対策である。経済の活動水準が下がって工事がやりやすい今こそ、老朽インフラの更新投資を進める好機かもしれない。

財政悪化への懸念

ところで、今回の「過去最大の経済対策」の結果として、国と地方の財政のタガが外れ、財政再建がさらに遠退くことが心配されている。また、政府債務がさらに増えることにより、財政破綻のリスクを懸念する声もある。

実際、二度の補正予算を含めた２０２０年度の一般会計歳出額は１６０・３兆円と、２０１９年度の補正後の１０４・７兆円をはるかに超える水準となる。図表２－３は、有名な「ワニの口」（一般会計の歳出と歳入の推移を描くと、近年、ワニの口のように差が広がっていることから名づけられた）であるが、もはやワニの上アゴが完全に外れ、垂直方向にねじ曲が

図表2-3　一般会計の歳出と歳入の推移

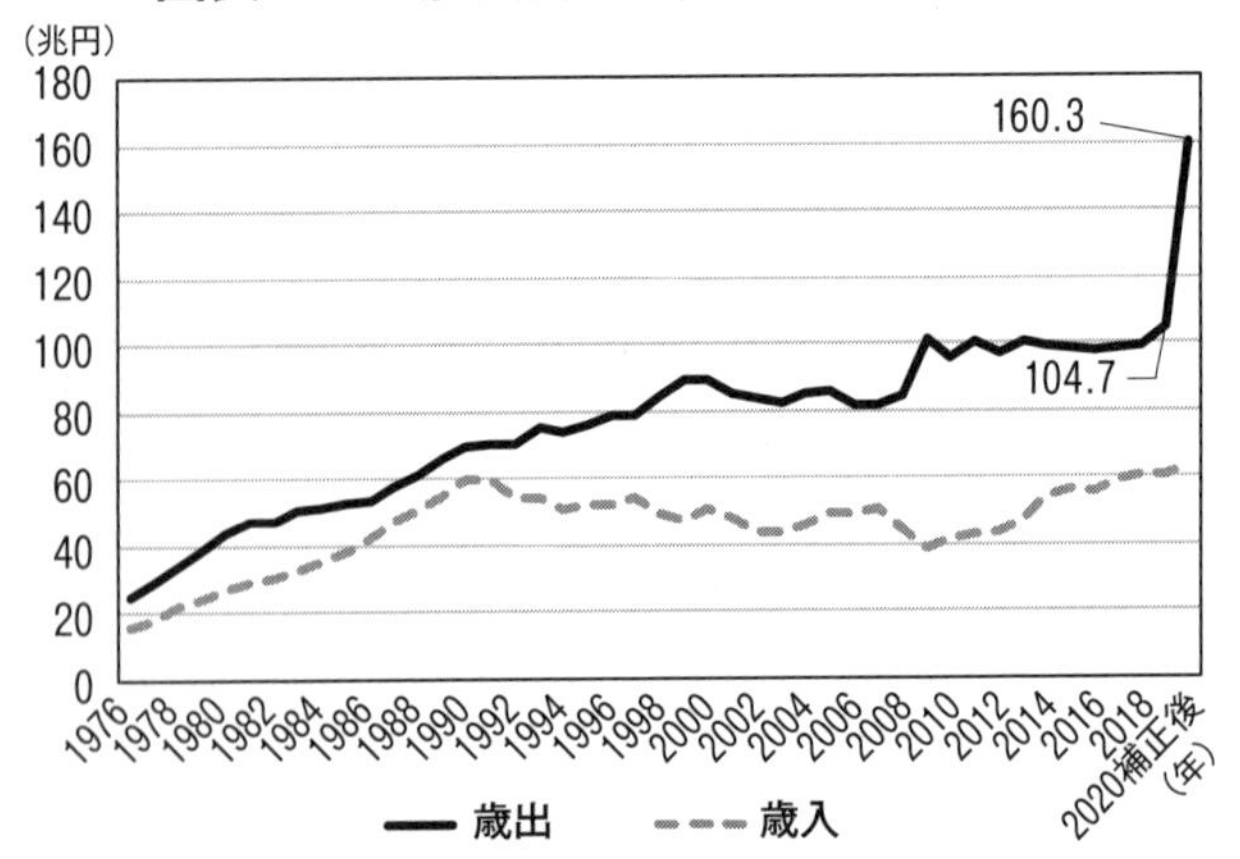

注）2018年度までは決算、2019年度は補正後予算、2020年度は第2次補正予算後の数字。出典は、財務省「日本の財政関係資料（令和２年7月）」。

っている。

２００８年度と２００９年度の歳出の差である約16兆円が、概ねリーマンショック時の経済対策の大きさを示しているが、それに比べて今回のコロナショックの経済対策がいかに大きかったかがわかるだろう。一方、ワニの上アゴと下アゴの差が国の財政赤字であり、概ね借金（公債発行）で賄われる。補正予算後の２０２０年度の公債発行額は90・２兆円と前年の37・１兆円から50兆円以上も一気に増加している。

当然、政府の債務残高もさらに高まる。２０２０年度末の国及び地方

図表2-4 国及び地方の長期債務残高のGDP比率の推移

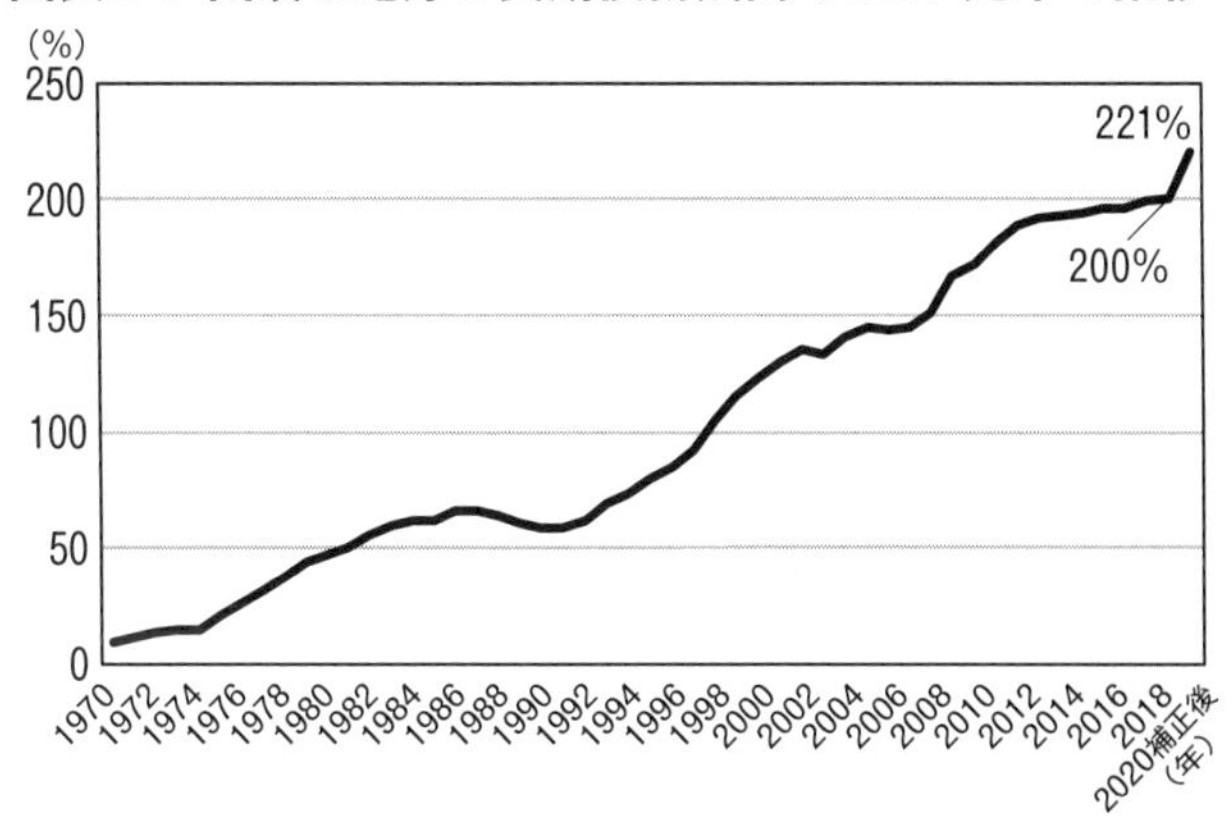

注）国及び地方の長期債務残高については、2018年度までは決算、2019年度は補正後予算、2020年度は第2次補正予算後の数字。出典は、財務省「我が国の1970年度以降の長期債務残高の推移」および同省「日本の財政関係資料（令和2年7月）」。ただし、2020年度補正後の数字は、内閣府「中長期の経済財政に関する試算（令和2年7月31日 経済財政諮問会議提出）」の2020年度のGDP見通しを用いて、筆者が計算し直している。

の長期債務残高は過去最大の１１８２兆円に達し、ＧＤＰ比で２２１％という史上未到のレベルとなる（図表２－４）。これはＧＤＰが低下し、分母が小さくなった効果も含まれるが、いずれにせよ前年の２００％から一気に21％も増加している。もちろん、現在、世界各国も積極的な財政政策を行っており、債務比率は世界的に高まっているが、我が国の「先進国ワースト１位」の座は不動である。これは政府資産を除いた純債務ベースでみても変わらない。

財政破綻は起きるか

この財政状況を我々はどうみるべきなのだろうか。新型コロナウイルスと同様、「正しく知り、正しく恐れる」ことが重要である。

つまり、やみくもに怖がる必要はなく、必要な時にはさらに財政赤字を増やす勇気を持つべきである。しかし、だからと言って、無駄なバラマキを行うほどの余裕はないし、この先も巨額の財政赤字をずっと続けていれば、いずれ財政破綻が起きるだろう。そうならないためには、コロナ禍が収束し、景気が回復した後の話ではあるが、必ず財政健全化に舵を切らなければならない。

実際問題として、今回の財政悪化で、直ちに財政破綻が起きるリスクはほとんど無いと思われる。それは、日本銀行が大規模な量的緩和策を実施しており、国債がきちんと消化され、ゼロ金利水準が維持されているからである。リーマンショック時とは異なり、今回は日本銀行と政府が、政策協調をしっかり行っている。世界的にも各中央銀行が大規模なマネーの供給を行っており、金利が上昇する気配はない。

ただ、この先いくらでも財政拡大が続けられる状況ではないことは明らかである。バラマキの大盤振る舞いはなるべく控え、効果的な財政政策に徹するべきことは既に述べた通りである。経済の自立回復を援護する「トレードオフ構造を変える両立化策」にも本腰を入れる必要がある。

経済対策はやりすぎたのか

今回の二度の補正予算による過去最大の経済対策がやりすぎなのか、それともまだ足りないのかは、正直言って現段階では判断がつかない。補正予算に無駄なバラマキがあったことは明らかだが、日本経済の需要不足も依然、深刻なレベルにあるから、経済対策がこれで十分かどうかはまだわからない。

また、世界経済のさらなる落ち込みや、途上国などの財政破綻、（可能性は低いと思われるが）地方銀行などの経営破綻に端を発する金融不安が起き、さらに景気が底割れする可能性もある。今はＧＤＰの推移や物価の動向を注視し、経済対策の効果をしっかり見極めることが重要である。必要ならばさらに追加対策を行うことも躊躇（ちゅうちょ）すべきではない。

さすがに現在、「コロナ税」などとして、東日本大震災の時の復興税のようなものや、消費税の再増税を提案する動きは無いようであるが、炭素税や高速道路の混雑税導入など、財政再建に向けた負担増の提案がちらほら聞かれるようになってきた。また、コロナ禍の最中の2020年4月には後期高齢者医療制度の保険料が予定通り引き上げられたし、同年9月からは、厚生年金保険料が実質的に引き上げ（上限額の引き上げ）となった。これらが、財政再建を今すぐ行おうとする動きであるならば、「もってのほか」と言わざるを得ない。

財政再建は将来へのコミットメントで

2014年4月（5％から8％）、2019年10月（8％から10％）の2回の消費税引き上げの経験からわかる通り、景気が十分に回復していない段階での増税は経済的ダメージが大きい。景気回復と財政再建のための増税は両立不可能であり、しっかりと回復するまでは二兎を追うべきではない。

財政再建はこのコロナショックをしっかり抜け出してからで良い。ただ、景気が回復して税収が増えると、それを財政再建に使わず、さらなるバラマキに使おうとするのが政治と言うものである。実際、過去の経験に照らしても、景気が悪くても良くても予算増となるのが常であった。その意味で、将来の財政再建を、「GDPが○○％に回復した時点で、××を行う」というように、「条件付き政策」＆「時間軸政策」としてコミットメントしておくことは有用であろう。

これならば、景気が回復するまでは財政再建が行われないから、将来の負担増を懸念して現時点の消費や投資が冷え込む心配はあまりない。また、今は財政再建を実施しないとしても、将来に行う意思を示すことになるから、国債市場の不安心理に対する一定の歯止め策になる。

財源調達をどうするか

また、将来的にも、財政再建の手段として消費税増税を選ぶことは、日本経済に対するダメージが大きすぎるので望ましくない。今回の新型コロナ経済対策の財源調達としては、長期間にわたる所得税増税を用いて、国債で調達した借金を少しずつ返してゆくのが良いと思われる。所得税増税については、復興税のように一律の増税を課すのではなく、公益財団法人アジア成長研究所の八田達夫所長が提案[5]している「不況が収まった時点での、中高所得者の所得税率引き上げ」がベストである。

5 八田達夫「パンデミックに対して経済を頑健化する制度改革」独立行政法人経済産業研究所・特別コラム（新型コロナウイルス――課題と分析） https://www.rieti.go.jp/jp/columns/a01_0572.html

消費税とは異なり、所得税は高所得者ほど税率が高くなるという累進課税となっているから、好況時に税収が大きく増える。景気回復にダメージを与えるというよりは、景気回復した後に、税収の自然増が追い付いてくるイメージである。また、不況で大きな傷を負っている低所得者には増税されない。コロナショックやアフターコロナ時代のデジタル社会で広がる所得格差への対策にもなる。

八田論文が紹介している通り、日本のGDPに対する所得税収比率は、OECD先進国の中で最低のレベル（2018年で6・0％。OECD平均は2017年で8・3％）であり、所得税の累進度合いも低いことから、中高所得者の税率引き上げ余地は大きい。所得税制を整備すれば、新型コロナ経済対策の財源だけではなく、中長期的な財政再建に使える大きな財源も確保できる。

また、後の章で詳しく論じるが、将来の財政再建のためには、増え続ける社会保障費をスリム化する努力も不可欠である。これも、例えば、将来時点における年金の支給開始年齢引き上げを現時点で決定しておくなど、将来へのコミットメントという形にすれば良い。現時点の景気を冷やすことはないから、社会保障改革と景気対策の両立が可能となる。もちろん、国債市場の不安心理への対応策にもなる。

第3章

「働くと負け」の生活保護制度をどうするか

アベノミクスでも高止まりした生活保護率

どの景気後退期でも当てはまることであるが、企業の売上高や生産が減少した後、しばらくしてから失業者やホームレスの人々が増加し、その後またしばらくしてから、生活保護受給者が増える。社会保障政策という観点からは、失業者や生活困窮者に対してきちんと支援の受け皿を用意しておくことが重要である。

ただ、景気の落ち込みが深く、そして長くなると、公的支援を受けることが常態化してしまい、たとえ景気が回復しても、そこから抜け出せなくなってしまう人々が現れる。２００

図表3-1 リーマンショック後の失業率と生活保護率の推移

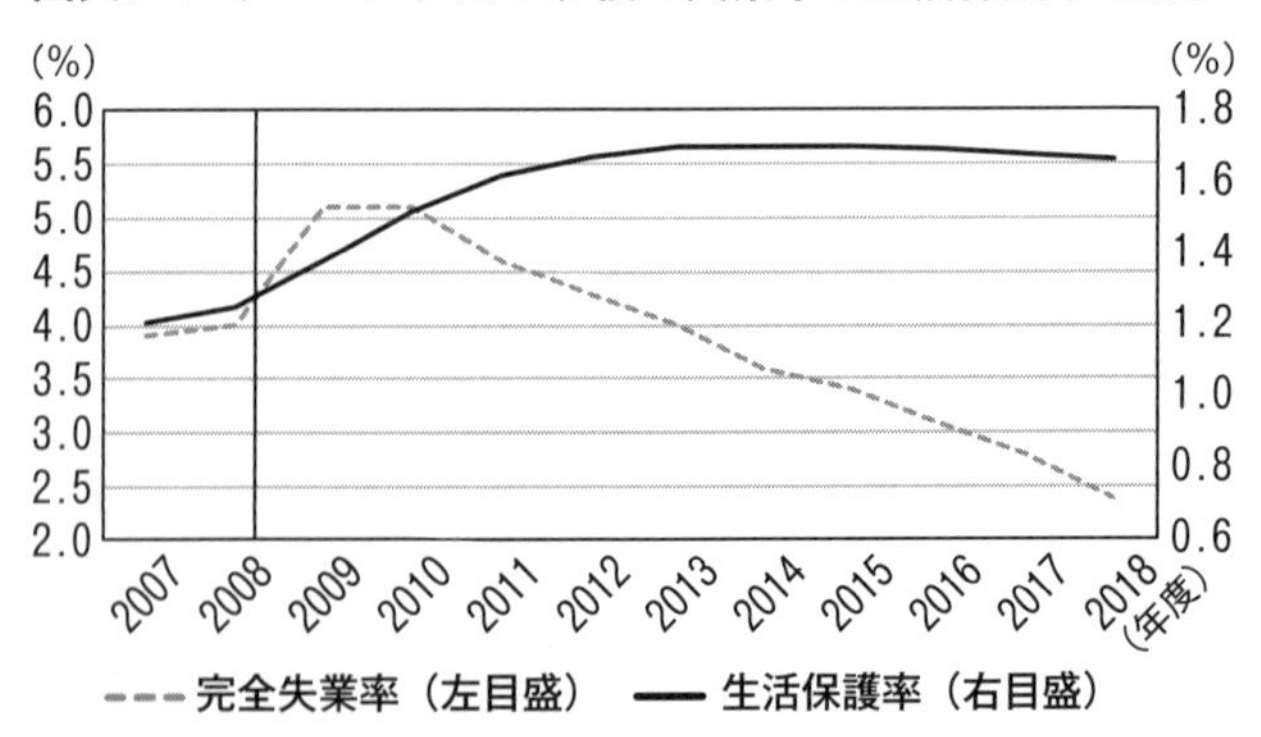

注）出所は、厚生労働省「被保護者調査」、「福祉行政報告例」および総務省統計局「労働力調査（基本集計）」で、年度の数値。グラフ中の棒線がリーマンショックのスタート。

8年9月に始まったリーマンショックの時には、失業率が翌年にピークを打ち、5年ほどかけて元の水準に戻ったのに対し、生活保護率がピークとなったのは何と6年後のことであった。その後も、アベノミクスによる景気拡大が続く中、生活保護率は高止まりを続けている（図表3－1）。

その意味で、経済ショックに見舞われた直後には、とりあえずの緊急措置が必要であるとしても、その後は事態の収束を見据え、人々がきちんと仕事に復帰し、自立した生活に戻れるための施策に切り替えてゆくことが求められる。

失業率は9％台もあり得た

図表3-2 有効求人倍率の推移

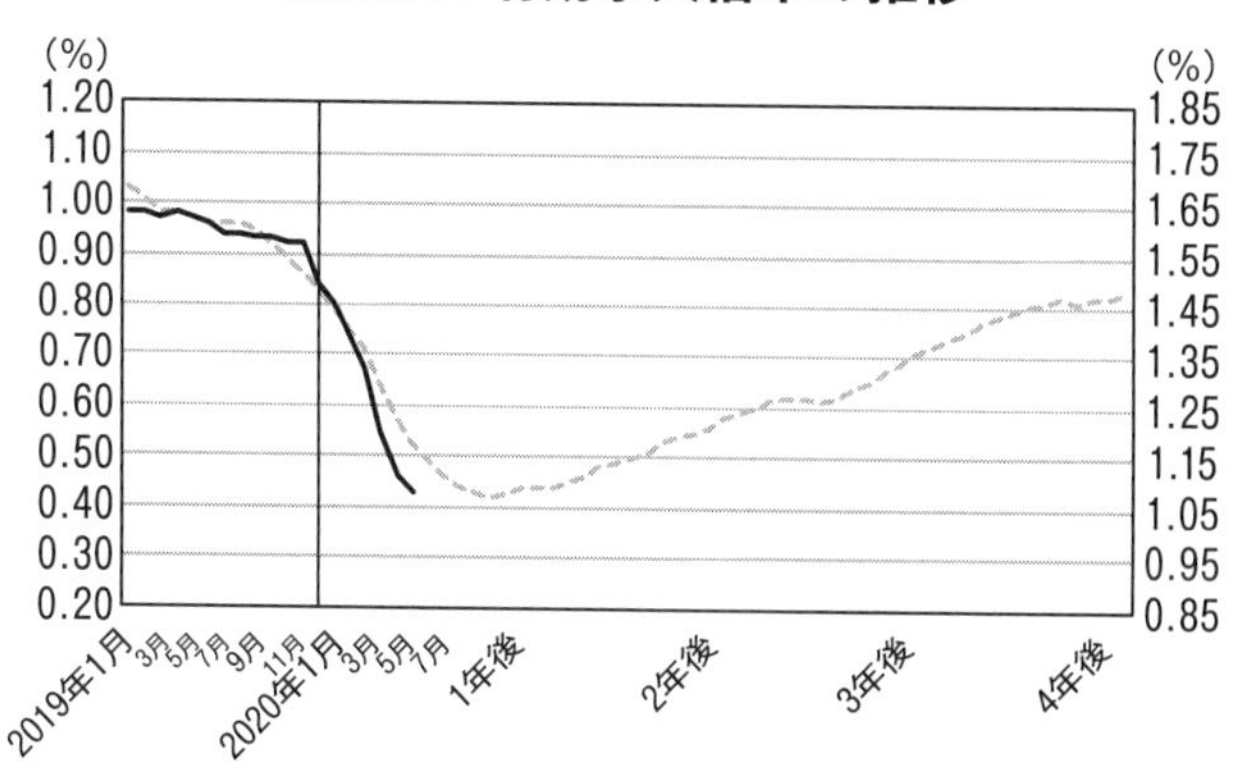

リーマンショック（左目盛）　コロナショック（右目盛）

注）季節調整値。新規学卒者を除く（パートを含む）。出典は、厚生労働省「一般職業紹介状況」。グラフ中の棒線が各ショックのスタート月。

はじめに、現在の雇用状況を、リーマンショック時と比較してみよう。図表３－２は有効求人倍率の推移をみたものである。有効求人倍率は、１人の求職者に対して何社の企業が求人を出しているかを表した指標である。雇用指標の中で、景気変動に対してもっとも早く反応することで知られている。

コロナショックのスタートを最初の感染者が現れた２０２０年１月とし、リーマンショックのスタートを２００８年９月として月次単位で両者の動きを追っている。これをみると、もちろん両者の水準値は異なるが、現在のコロナショックの方が、リーマンショック時よりもやや速いペースで有

図表3-3 完全失業率の推移

注）季節調整値。新規学卒者を除く（パートを含む）、男女計。出典は、総務省統計局「労働力調査（基本集計）」。グラフ中の棒線が各ショックのスタート月。

図表3-4 休業者の推移

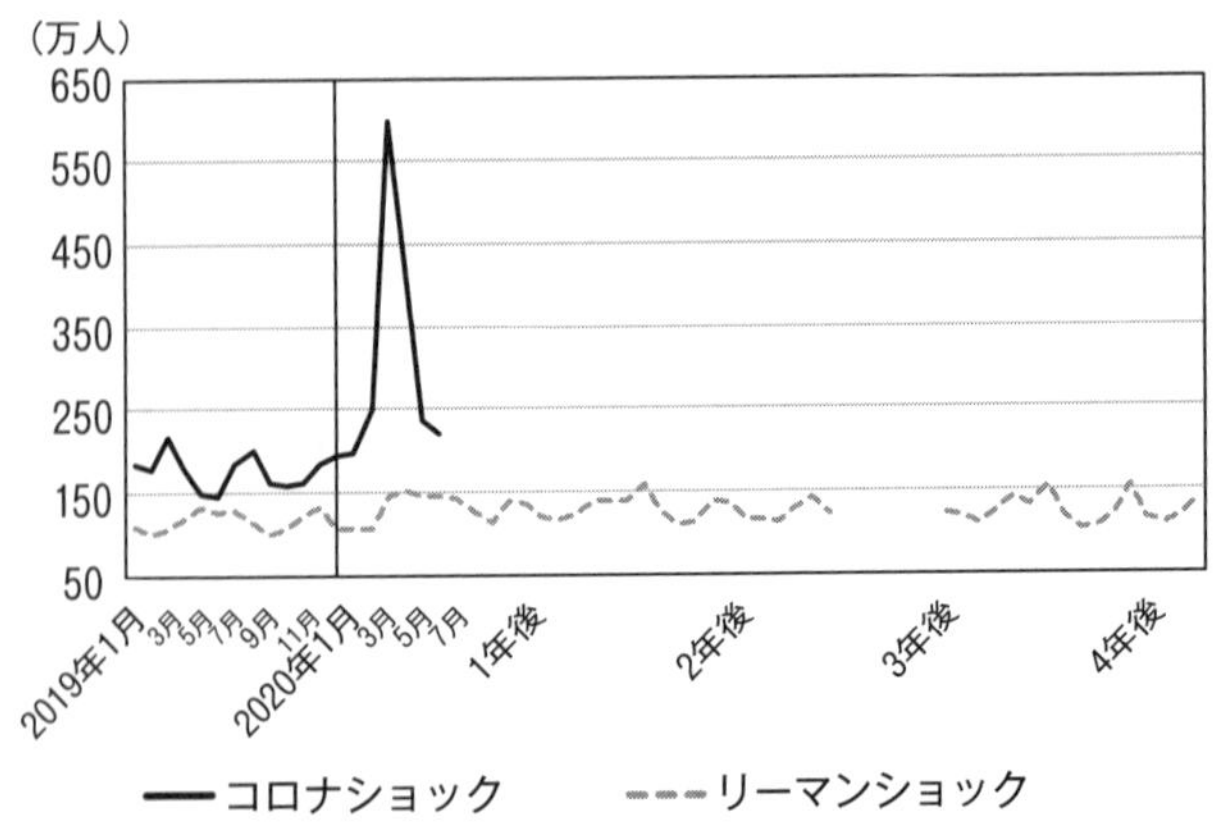

注）原数値。出典は、総務省統計局「労働力調査（基本集計）」。グラフ中の棒線が各ショックのスタート月。リーマンショックの方のグラフは、東日本大震災の影響により、2011年3月分から8月分までの結果がない。

効求人倍率の悪化が進んでいることがわかる。

一方、図表3－3は、完全失業率を同じように比較したものである。失業率悪化のペースは、リーマンショック時とほぼ同様か、若干遅い動きである。

このほか、実はコロナショック直後に、急増した雇用指標がある。それは休業者数であり、リーマンショック時とは比較にならないほどの急増ぶりを見せた（図表3－4）。休業者とは、休業手当を受け取って（あるいは受け取る予定で）、仕事をせずに家で待機している労働者のことで、統計上、失業者にはカウントされない。もし、休業が雇用を維持する「ダム」として機能せず、平常時の休業者数を超える分が全て失業者となっていた場合には、失業率は9％台になったとの試算もある。[6]

拡充された休業補償

今回、この休業者増が失業者を急増させないダムとして機能した理由は、「雇用調整助成

6 八代尚宏「休業手当より失業給付重視を あるべき雇用政策」日本経済新聞2020年7月22日朝刊・経済教室欄

金」の拡充が迅速に打ち出されたことが大きい。

雇用調整助成金とは、企業が従業員に6割以上の休業手当を支払うことを条件に、その原資となる助成金を、雇用保険から企業に支払う制度である。今回、新型コロナ経済対策の特例として、対象企業の拡充や受給要件の緩和が実施され、申請手続きも大幅に簡素化された。受給対象者も、本来の雇用保険加入者だけではなく、短時間労働者や学生アルバイトにまで拡大されている。また、受給上限額が1日当たり8330円から1万5000円に増額され、中小企業への助成率（休業手当の総支出額のうち、助成金として企業に支払われる額の割合）も、60%から100%近くまで引き上げられた。

もっとも、簡素化された後の申請手続きも依然として煩雑で、雇用調整助成金を申請しようとしない零細企業も多いことから、休業中の従業員が自ら申請できる「新型コロナウイルス感染症対応休業支援金・給付金」が創設された。この休業支援金・給付金も、雇用保険加入者だけではなく、短時間労働者や学生アルバイトが利用できる制度である。休業前賃金の8割（1日当たり上限額1万1000円）が支払われる。

これらの措置により、多くの企業が安心して従業員を休業させ、雇用を継続する選択を行った。2020年9月25日時点の雇用調整助成金支給件数（累計）は約120万件、決定金額は約1・5兆円に上っている。これは、補正予算で用意していた金額を上回る額である。

休業と失業は違うのか？

ただ、特例措置には当然、期限がある。当初、2020年9月末で終了する予定であったが、そうなると多くの企業が休業者の解雇を決断し、失業率が一気に上昇することになる。それはさすがに困るという中小企業経営者や与党政治家の声を受け、今のところ12月末までの延長が決まっている。ただ、雇用情勢が12月末までに落ち着くことはまずあり得ないから、おそらくは今後も何度か、期限延長が求められるものと思われる。

ところで、そもそも休業と失業の違いとは何だろうか。休業も失業も仕事をしていない状態で、生産活動に従事していないという意味では何ら変わりがない。休業者を支えている雇用調整助成金も失業者の失業給付も、原資は雇用保険であるから、この面でも大差はない（正確には、企業から徴収する保険料だけで実施するか、労働者から徴収する保険料を含むかという違いがあるが、いずれにせよ違いは小さい）。

よく考えれば、休業手当を受けている休業者は、欧米の定義で言えば、会社都合による一時帰休（レイオフ）であり、失業給付を受け取っている失業者そのものである。その意味で、休業者を失業者としてカウントしないというのは、単に統計の取り方の問題にすぎない。

しかし、政府・与党にとっては、休業者と失業者では大違いであり、失業者が多くなるとマスコミや国民から大批判を受ける。衆議院選挙や東京都議会選挙などの主要な選挙が近いこともあり、特例措置をできるだけ延長して、失業率を高めないようにしたかったのだろう。

休業者と失業者の間の不公平

しかし、短期的な救済策である今回の特例措置を何度も延長し、長期化させることには問題が多い。

第一に、休業者と失業者の間の待遇格差があまりに大きく、不公平である。企業が倒産・廃業したり、早々と解雇された労働者は既に失業者となり、失業給付を受けている。ところが、この失業給付は失業前賃金の5割から8割の給付額で、1日当たり上限額は最大でも8370円（45歳以上60歳未満、それ以外の年齢の上限額はもっと低い）である。つまり、特例前の雇用調整助成金とほぼ同額であり、現在の休業者への給付額の半額程度にすぎない。このような制度間の不公平は、とりあえずの緊急措置であれば目をつぶれるとしても、継続的な制度としては到底許容できるものではない。

第二に、失業者との比較では、救済策を受ける期間の不公平もある。つまり、特例期間が終わって休業者が解雇された場合には、そこから改めて失業給付を受けることができる。雇用調整助成金や休業支援金・給付金も、雇用保険を財源とした事実上の失業給付であるから、休業者は失業給付を二重に受け取ることになる。[7] 現在、失業給付期間も特例として最大60日の延長措置が行われているが、これは休業後に失業者となる者も同様に適用されるから、不公平の改善にはならない。

衰退企業・産業を支えることの無駄

第三に、たとえコロナ禍が収束したとしても、もはや生き残りが難しい企業、需要が簡単に戻らないような産業を、公費で無駄に延命させてしまう。これは公費や経済資源の浪費である。

7 八田達夫「パンデミックにも対応できるセーフティネットの構築」小林慶一郎・森川正之編著『コロナ危機の経済学　提言と分析』日本経済新聞出版、第3章、２０２０年例えば、これまでインバウンドの消費に過度に頼っていた外国人向けのホテルや飲食店は、コロナ禍が収束したとしても、需要が元に戻るまでにはかなりの長期間を要するだろう。航空会社の国際線も同様である。また、テレワークで利用が少なくなる都心のオフィスビル、それを支える周辺の飲食店やオフィス用品店、通勤電車やバス、タクシーなども、もはや需要が元通りの水準に戻るとは思われない。コロナ禍を契機にIT化・デジタル化が進むことにより、例えば印鑑やFAXのようなアナログ技術を支える産業も消失してゆく可能性が高い。テレワークが進めば、スーツなどの需要も減るだろうし、都心の狭い集合住宅に住む必要もなくなる。

本来であれば、長期的な需要減に直面する企業や産業は、業務縮小や廃業、倒産などの決断を行い、アフターコロナの世界を見据えて、別の業態に転換するなどの経営判断を行うべきである。しかしながら、休業に対する特例措置によって公費に頼り、経営判断を先送りできてしまう。もし、こうした企業が、特例措置が終わった途端、倒産・廃業するのであれば、何のための特例措置だったのかわからない。

第四に、これは休業する労働者にとっても時間の無駄である。コロナ禍の中でも、IT関係や宅配サービス、オンラインゲームやネット配信サービス、教育・学習支援、医療・福祉などの産業は、雇用を増やしている。長期的な衰退企業・衰退産業で働く労働者は一刻も早く見切りを付けて、これらの成長分野に転職した方が将来のためである。しかし、休業手当や休業支援金・給付金が手厚いことで足止めされることになれば、転職のチャンスを逃してしまう。もちろん、日本のＧＤＰにとっても損失である。

失業給付の方が効率的

こうして考えると、雇用調整助成金や休業支援金・給付金の特例措置は、あくまで短期的措置にとどめることが適切な制度である。特例措置は、企業がコロナショックに慌てふためき、本来解雇しなくても良い労働者を、うっかり解雇しすぎないための止血措置なのである。我が国は、企業が解雇した労働者を業績回復後に優先的に再雇用する一時帰休（レイオフ）に、失業給付を行うことを認めていない。休業手当を伴う休業は、その代わりのようなものと解釈できる。したがって、特例措置どころか雇用調整助成金自体、一時帰休の失業給付に代わる制度として、短期的措置にとどめるのが筋である。

その意味で、特例措置は延長せず、思い切って失業を顕在化させた方が、経済全体の効率性という観点からは望ましい。さらに、失業給付には、休業よりも経済の生産性を高める効果がある。

実は、失業給付は単に失業中の生活費（基本手当）を支給するだけの制度ではなく、「公共職業訓練」が備わっている。すなわち、職業訓練校に通って様々な技能・資格を無料で学び、キャリアアップして新たな成長分野に再就職する仕組みが完備されているのである。

受講内容は、ＩＴ関係、事務関係、デザイン、機械関係、建築、土木、医療事務、介護、保育、理美容関係など多岐にわたっている。また、時間のかかる資格取得を目指す場合には、本来の失業給付期間を延長して最大２年までの失業給付が認められたり、通学にかかる交通費、受講手当、寄宿手当（月額１万７００円）も支給される。さらに、職業訓練校が行う再就職斡旋（あっせん）、ハローワークによる再就職サポートも充実している。

コロナ収束後の衰退企業、衰退産業に休業者として長く足止めされるよりも、長い目で見れば、失業者となってこのようなリカレント教育を受ける方が、労働者のためである。また、衰退産業から成長産業への人材移動が行われれば、日本経済の長期的な成長にとっても望ましいことは言うまでも無い。

第二のセーフティーネット「職業訓練受講給付金」

失業者を顕現化させても良いという議論になると、失業給付を受けられない人々（短時間労働者や学生アルバイトなどの雇用保険非加入者、雇用保険の加入期間が足りない人、失業給付期間が終わった人、自営業の廃業者など）はどうすれば良いのかという批判が必ず起きる。実は既に解決済みの問題である。

前回のリーマンショック時にも全く同じ問題が生じ、こうした人々が使える「第二のセーフティーネット」という仕組みが整えられた。その代表的なものは「求職者支援制度」（求職者支援訓練）であり、まずはこの制度を大いに活用すべきである。

求職者支援制度は、収入や資産要件を満たす雇用保険を受けられない人々を対象に、民間の教育訓練機関が実施する職業訓練を受講する代わりに、その間の生活費として月額10万円の「職業訓練受講給付金」が支給される仕組みである。支給期間は原則1年であるが、必要と判断される場合には2年まで延長できる。公共職業訓練と同様、通学にかかる交通費や、月額1万7００円の寄宿手当も支給される。給付金だけでは生活費が不足する場合には、希望に応じて労働金庫から、月額5万円（配偶者や子どもなどがいる場合には月10万円）の融資制度も利用できる。

失業給付の「公共職業訓練」同様、まさに至れり尽くせりの仕組みである。ただ、求職者支援制度を利用するには、①収入要件（本人収入が8万円以下、世帯収入が25万円以下）や、②資産要件（世帯の金融資産が300万円以下、居住する土地・建物以外に土地・建物を所有していないこと）を満たさなければならない。このように生活保護制度のような資力調査（ミーンズテスト）を課して対象を制限している理由は、雇用保険料を支払っていない人々に対する対策を、雇用保険で行っているという矛盾があるからだろう（ただし、形式的には企業が払う保険料と公費が財源）。

さらに使い勝手の良い制度にするには、雇用保険の非加入者から、わずかでも良いので保険料を徴収し、公共職業訓練と一本化して、ミーンズテストのない制度とするのが良いだろう。そのような制度化を実施するだけの時間がないのであれば、今回は緊急の特例措置として、時限的にミーンズテストを外せばよい。

特例延長の場合は教育訓練を実施

ただ、そうは言っても、やはり政治的な背景から、今回の特例措置は長く延長される可能性が高い。そうなった場合のために、①教育訓練の義務化、②休業中の副業許可、③廃業に対するインセンティブ補助金という三つの施策を提案したい。

実は、雇用調整助成金には、通常の「休業」のほか、休業中の従業員に職業訓練を施す「教育訓練」という制度がある。特例措置の延長は「教育訓練」に限ることにしてはどうか。

特例措置が延長されると、休業期間がその分延びることから、休業者は職業能力を持続することが難しくなる。端的に言えば、何もしないことによって仕事を忘れたり、規則的な生活習慣が乱れて職場復帰が難しくなってしまう。また、最終的に休業者が解雇されて、転職を余儀なくされる場合にも、現在の職業能力を維持していることが必要である。そこで、休業期間中に、経営者が職業訓練を行うことを義務化するのである。経営者が自分で職業訓練できない場合には、公共職業訓練を特例的に利用させても良いだろう。

休業中の副業（アルバイト）を認める

同様に、休業中の職業能力低下を防いだり、収入減（残業代や休業手当を超える賃金がカットされている）に対応するために、休業中にアルバイトなどの副業を行うことを認める。具体的には、雇用調整助成金や休業支援金・給付金を使う企業に対して、就業規則に副業を認める（少なくとも休業期間中は認める）ことを記載させる。

休業中に副業できれば、休業者たちにとっても得であるし、ＧＤＰに寄与するので日本経済にとっても得である。さらに、現在、副業者を欲しているような業種はコロナ収束後も成長産業となる可能性が高いから、いざという時に転職する機会も得やすいだろう。

ただ、一定額を超える副業を行った場合には、休業手当はある程度減額すべきである。例えば、休業前賃金の6割までの休業手当はそのまま認め、それ以上の部分は副業収入2に対して1減らす（つまり、副業収入の半分を認める）制度としてはどうか。その分、雇用保険からの助成金も減らせるので、公費の節約にもなる。これは、年金を受給しながら働く場合の制度（在職老齢年金制度）と同じ仕組みである。

廃業に対するインセンティブ補助

既に述べたように、コロナ収束後に営業を再開できる目処が立たず、いずれ廃業を予定している企業に、雇用調整助成金や休業支援金・給付金を惰性的に支払い続けるのは、公費や資源の無駄遣いである。

そのような企業が早めに廃業を決断できるように、その後押しをする助成制度を作ってはどうか。例えば、特例措置の期限前に廃業を決断した企業に対して、休業手当の3ヶ月分を、退職金の原資として支給する。また、企業自体にも廃業に伴う費用の補助や、手続負担を軽減する支援を行う。例えば、中小企業庁の廃業支援補助金（「事業承継補助金」という名前だが廃業にも使える）や廃業支援ローンを拡充し、支給要件も大幅に緩和することが考えられる。

逆に、特例措置終了直後の廃業に対し、何らかのペナルティーを科しても良い。例えば、最後まで特例措置を利用した後に廃業した経営者に対し、雇用調整助成金の一定額の返還を求めることが考えられる。

高度成長期の終わりには、繊維産業や石炭作業のような構造的不況業種を転換させるために、廃業や労働者の業種間移動に対して、公費が使われたことがある（「特定不況産業安定臨時措置法」（特安法））。今回も、コロナショックによって、構造的不況業種が表れていることを考えれば、同じような政策をとっても良いと思われる。

生活保護の増加はこれから

さて、失業が長引くと増え始めるのが生活保護である。既にみたように、リーマンショック時には生活保護受給者が急増したが、今回の場合はどうであろうか。図表３－５は、２０２０年６月までの生活保護受給者数の推移をみたものであるが、まだ全く増加していない。

図表3-5 生活保護受給者数

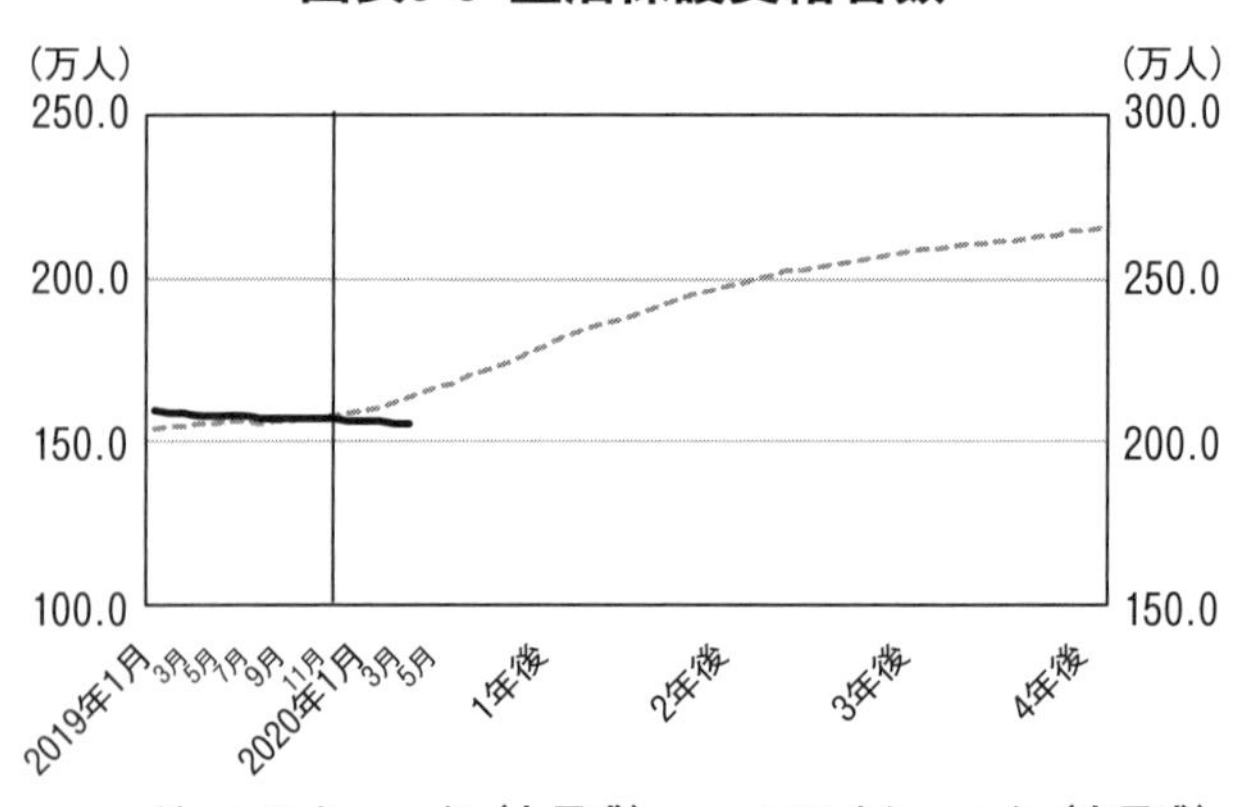

注）被保護実人員（2019年3月まで確定数）。出典は、厚生労働省「被保護者調査」および「福祉行政報告例」。グラフ中の棒線がショックのスタート月。

リーマンショック時には、ショック発生から3、4ヶ月程度で生活保護者が急増しはじめたことを考えると、今回はかなり反応が遅いと言えるだろう。

その理由としては、①失業率の水準自体がリーマンショック時と比べて相当低いこと、②雇用調整助成金の給付対象が、生活困窮に陥りやすい雇用保険の非加入者にも拡大されていること、③同様に、休業支援金・給付金も雇用保険の非加入者が利用できること、④第2章で詳しく見たように、新型コロナ経済対策の二度の補正予算で、様々な現金給付や融資、納税猶予策が行われ、生活困窮者の手元にまだ現金が保有されていることなどが考えられる。

もっとも、10万円の特別定額給付金をはじめ、これらの支援策は一回限りのものが多いから、彼らの手元現金が枯渇するのも時間の問題であろう。そうなれば、いずれ生活保護が増加に転じることになる。

最後のセーフティーネット

それでは、失業が長引いて生活困窮に陥った人々に対して、生活保護を積極的に活用すべきであろうか。リーマンショック時には、まさにそれが行われた。

よく知られているように、生活保護制度は憲法25条で保障された「健康で文化的な最低限度の生活」を守るための「最後のセーフティーネット」である。国民が様々な理由から貧困に陥って、まさに万策が尽きた場合、その理由の如何(いかん)にかかわらず、最低水準の生活費が行政から支給される。

支給される金額は世帯構成（人数や年齢）や居住地によって異なる。例えば、東京都23区についてみてみると、２０２０年現在、夫婦二人と子ども一人（夫33歳、妻29歳、子ども４歳）の場合には、生活費（生活扶助）と住宅費（住宅扶助）を合計して約23万円が支給されている。単身高齢者（68歳）の場合には13万円強、母子家庭（母親30歳、子ども４歳、２歳）の場合には約26万円である。これらは言わば、税抜きの「手取り収入」であるから、余裕があるとまでは言えないが、少なくとも過不足の無い金額である。この他、子どもに対する教育費（教育扶助）も別途支給されるほか、医療（医療扶助）や介護（介護扶助）の自己負担額はゼロになる。２０１８年現在、国と地方の生活保護費の総額は約４兆円である。

生活保護を申請して受給が認められるためには、いくつかの条件（要件）を満たす必要がある。第一に、不動産や一定以上の貯蓄を保有している場合には、まずはその資産を活用すべきであるから、原則として生活保護が認められない。

第二に、年金や諸手当などの社会保障給付を得ている場合にも、まずはその活用が求められる（もちろん、給付額が少なければ、最低生活費から給付額を差し引いた分の生活保護費が支給される）。

第三に、「稼働能力要件」として、心身ともに健康で労働が可能な場合には、まずは職を得て働くことが求められる。したがって、たとえ失業給付期間が過ぎた失業者といえども、働く能力のある人（稼働能力層）に対しては、生活保護が認められない制度となっていた。

転機となった「年越し派遣村」

ところが、リーマンショック以降、生活保護の運用基準が大きく変わり、たとえ稼働能力があっても職がなかなか見つからない場合には、生活保護が認められる制度となった。

きっかけはリーマンショック直後の2008年末に設置された「年越し派遣村」である。この時、派遣切りにあった労働者を救済するとして、東京都千代田区の日比谷公園に仮設テントの生活保護申請窓口が作られ、失業者たち（実際には、派遣切りにあった労働者よりも、周辺のホームレスの人々が多かった）が大挙して並んだ。厚生労働副大臣をはじめ、民主党の政治家たちもパフォーマンスのために駆けつけ、連日テレビで放映される大騒ぎの中、稼働能力に関して大幅に緩和された基準で保護決定が行われた。そして、そのことが前例となり、2009年3月以降に次々と出された厚生労働省の通達によって、それ以前は生活保護の申請すら難しかった稼働能力層が、生活保護を受給できるようになったのである。

生活保護の貧困の罠

その後の生活保護の急増ぶりは、既に図表3－1にみた通りである。問題は2012年末以降、アベノミクスで景気が急回復し、好調が持続する中でも、なかなか生活保護受給者数が減少せず、高止まりを続けたことである。これは何が原因だったのであろうか。

もちろん、生活保護受給者が増え続ける底流として、日本社会の高齢化が進み、その高齢者の一定割合が年金不足などの理由から生活保護に陥っていることがある。しかし、リーマンショック以降に急増した稼働能力層（統計の分類上は「その他世帯」）の数が、景気が回復してもなかなか減少せず、生活保護の平均受給期間が延び続けたことも、大きな原因である。つまり、十分に働ける人々が、景気回復にもかかわらず、生活保護にとどまり続けてしまったのである。

なぜ、彼らは生活保護にとどまり続けてしまうのか。それは、ひとたび生活保護を受給すると、そこに安住し、生活保護から抜け出す意欲を失ってしまうからである。このことを専門用語で「貧困の罠」と言う。貧困の罠が起きる理由は、第一に、生活保護費が過不足の無い金額であり、ワーキングプアと呼ばれる人々よりも実収入が高いことが挙げられる。

第二に、生活保護制度は、働くとその分だけ生活保護費が減らされるという「働き損」の仕組みとなっている。実際には「勤労控除」として経費分程度の控除が認められているので、労働所得の全てが生活保護費の削減で相殺されるわけではないが、手元に残る分は概ね1割程度である。

働いたら負け

例えば、稼働能力層の生活保護受給者が、景気回復でパート・アルバイト程度の職を見つけ、働き始めたとしよう。もちろん、まだ、生活保護から抜け出せるほどの収入ではない。時給９０２円の収入を得るとすると（２０２０年10月現在の全国平均の最低賃金）、生活保護費が大きく減らされるので、その分を差し引くと実際の時給は90円程度になってしまう。これでは、働くのがバカバカしくなるのが当然である。

第三に、それでも何とか働いて生活保護を抜け出した場合、生活保護よりもむしろ生活水準が下がってしまう場合が多い。生活保護費は、生活扶助や住宅扶助だけではなく、実は家賃以外に敷金・礼金も支給される。医療や介護の自己負担額は無料の上、教育扶助については高校や専門学校の学費のほか、補習塾程度の塾代まで支給可能である。生業扶助として運転免許取得のための教習所代も出る場合もある。さらに、生活保護に連動して無料となる各種サービスがある。例えば、認可保育所の保育料は生活保護世帯の場合は無料であるし、ＮＨＫの受信料なども支払う必要が無い。

しかし、生活保護からひとたび脱すると、これらの費用は全て自分で支払わなければならない。それに加えて、所得税や住民税も支払うことになる。最低賃金程度の時給の仕事では、相当の長時間労働をしない限り、生活保護費を上回る生活水準にはなり得ない。まさにワーキングプアである。このため、よほど好条件の仕事に復帰できない限り、生活保護から抜け出る必然性がないのである。

第二のセーフティーネットを活用せよ

以上のことを考え合わせると、今回のコロナショックでは、働く能力のある失業者に生活保護を安易に認めるべきではない。リーマンショック時と同じ過ちを繰り返してはいけない。働く能力のある人々には第二のセーフティーネット——つまり、先に説明した「求職者支援制度」を活用してもらうべきである。

ただし、現行の求職者支援制度はいくつか改善しなければならない点がある。第一に、求職者支援制度が終了した後、就職活動がうまくいかなければ、生活保護を申請できる逃げ道が用意されている。これでは、求職者支援制度に強力なモラルハザードが働き、単に生活保護が認められるまでの「つなぎの制度」になってしまう。

そこで、リーマンショック以降に厚生労働省が発出した通達を変更し、稼働能力要件を求める従来の制度に戻すべきである。生活保護を管轄する福祉事務所は、ハローワークとよく連携し、稼働能力層の生活困窮者を、必ず求職者支援制度につなげるようにする。

　第二に、その代わりに求職者支援制度は、失業者が希望すれば必ず利用できる使い勝手の良い制度に改める。具体的には、既に述べたように、収入要件や資産要件を大幅に緩和する。取得できる技能・資格も、コロナ収束後のＩＴ・デジタル社会の到来を見据え、ＩＴ関係などをもっと充実させた方が良いだろう。第５章で詳しく述べるように、コロナ禍でも、介護分野は壮絶な労働力不足に陥っている。介護関係の資格を取得してもらえば、必ず就職先が見つかるはずである。

第4章

医療崩壊はなぜ、簡単に起きてしまうのか

早かった危機宣言

コロナ禍は、平時にはなかなか見えにくかった日本社会の諸課題を浮かび上がらせているが、医療分野も例外ではない。特に驚かされたのが、重症者数も死亡者数もまだそれほど多くなかった2020年4月1日の段階で、日本医師会が早くも「医療危機的状況宣言」を行い、医療崩壊の危機が迫っていると発表したことである。

この時点の重症者数は累計で62人、死亡者数累計は57人（クルーズ船乗船者の11人を除く）にすぎなかったが、1日当たりの新規感染者数は前日の3月31日から200人台に跳ね上が

り、累計で２３４８人に達していた。このため、首都圏を中心に、新型コロナ患者の受け入れ病床が、早くもひっ迫する事態となったのである。

しかしながら、欧米などの世界各国に比べれば、重症者数・死亡者数はもとより、新規感染者数でさえ、我が国はケタ違いに少ない状況であった。しかも、我が国の医療機関は、世界各国に比べて、人口当たりの病床数（ベッド数）が特に多いことで知られている。例えば、２０１７年時点で、日本の人口１０００人当たり病床数は13・1と、先進各国（ＯＥＣＤ加盟国）平均の４・７を大幅に上回る。それにもかかわらず、早くも医療崩壊寸前の状況になったと聞き、本当なのかと驚いた国民が多かったに違いない。

「やりすぎ」だった厚労省

新型コロナ患者の受け入れ病床がひっ迫した理由はいくつかあるが、まず第一に、厚生労働省による感染症対策のレベル設定が高すぎたことが挙げられる。一言でいえば「やりすぎ」であり、この新型コロナウイルスの特性や医療現場の実態に適合していなかった。その後、医療現場の声を聞きながら修正が図られてきたが、厚生労働省の対応は遅く、小出しであった。

感染症法では、症状の重さや病原体の感染力の強さなどから、感染症を一類から五類の感染症、指定感染症、新感染症、新型インフルエンザ等感染症の八つに分類している。新型コロナウイルスは指定感染症に指定されたが、これは病原性ウイルスが何かは特定されているが、従来の分類に分けられない新たな感染症であるという意味である。対応策は政令でかなり柔軟に設定できる仕組みとなっているが、二類相当の感染症と位置付けたため、非常に高いレベルの感染症対策が求められることになった。二類感染症とは結核やSARS、鳥インフルエンザ（H5N1）が分類されるカテゴリーである。ただ、実際に政令で定めた対応は、二類感染症を超える扱いで、どちらかといえばエボラ出血熱などが分類される一類感染症に近いものになっていた。

初めから予想できた病床ひっ迫

具体的には、①PCR検査で陽性になった者は、たとえ無症状者や軽症者でも強制的に医療機関に入院させる、②まだ陽性と確定していない段階だが、症状などから感染症が疑われる疑似症患者も入院措置をとる、③入院後は感染の恐れが完全になくなったことが確認されるまで隔離を続けることとなった。

感染症患者・疑似症患者の入院は、基本的に「感染症指定医療機関」という専門病院の「感染症病床」を用いることになっているが、コロナ禍が始まった時点で全国にわずか2000床弱しか存在していなかった。そこで、厚生労働省は2020年2月半ばに、感染症指定医療機関の他病床（結核病床、一般病床）や、大学病院や公立・公的病院、民間病院などの一般病床の活用を認めるという事務連絡を発出した。その事務連絡を受けて、各都道府県の医療担当部署が、域内の各病院に協力依頼を行い、病床の調整に努力することになったのである。ところが、そうした病院の一般病床は、既に他の病気の重症患者で埋まっている場合が多く、すぐに空けることは容易ではない。

したがって、限られた病床に、まだ元気な無症状者や軽症者、疑似症患者までを入院措置し、なおかつ症状回復後に、時間を空けた2回のPCR検査を行って2回とも陰性となることを求めていては、すぐに病床がいっぱいになることは初めから明らかであった。

その後、4月になってようやく厚生労働省は、無症状者や軽症者についてはホテルや自宅で待機することを認めた。また、2度のPCR検査陰性という退院基準も5月末になってやっと取りやめたが、いかにも遅きに失した感があった。

一般病床の受け入れを増やせぬ理由

第二に、大学病院、公立・公的病院、民間病院などの受け入れ可能病床を、なかなかスムーズに拡大できなかったことが、病床のひっ迫を招いた。もちろん、各都道府県は、域内の病院を集めた説明会を何回も開いたり、個別に交渉を行うなどして、一般病床を少しずつ空けるよう懸命の調整努力を行ってきた。

しかし、感染症指定病院ではない普通の病院にとって、新型コロナ患者を受け入れることは大変ハードルが高い。まず、新型コロナ患者の対応には、感染症専門医や訓練された医療スタッフが必要となる。また、院内感染を防ぐためには、新型コロナ患者専属の医療スタッフを張り付け、既に世界的にひっ迫していた防護具を十分に用意しなければならない。彼らの家族への感染を防ぐためには、病院の近くのホテルに長期滞在してもらうなどの対応も必要である。陰圧室（空気感染を防ぐために、気圧を低くしてある病室）や隔離用の障壁なども急遽設置しなければならない場合もある。したがって、都道府県が依頼できるのは、どうしても広さやマンパワーに余裕のある大規模病院に限られる。

さらに、こうした病院は空き病床がそもそも少ない。我が国の入院医療サービスの価格

（診療報酬）は、基本的に患者が病床にいないと計算できない仕組みであり、検査代・手術代などの治療費以外に、ただベッドを使っているだけで請求できる診療報酬部分が意外に大きい。したがって、病院経営は「病床を埋めてナンボ」の世界と言われ、いかに空き病床を少なく管理するかが医業収益の決め手となっている。

もし新型コロナ患者を受け入れるとなると、高い収入が期待できる他の病気の入院患者を断らなければならなくなる。さらに、風評被害などで、入院だけではなく、外来の患者数までも減少する可能性が高い。医療スタッフに対する差別も発生する。これでは、各病院とも、なかなか受け入れを了解できる状況ではない。

金銭的補償の問題

さらに、新型コロナ患者数が急増している都市部では、そもそも厚生労働省・都道府県による一般病床の数量規制（病床規制）が厳しく行われており、普段から病床が足りないぐらいである。その上、近年は後述する「地域医療構想」によって、高度急性期病床や急性期病床を削減・転換するよう、病院に「圧力」がかけられてきた。特に公立・公的病院については、再編統合や病床数の適正化案の作成期限が２０２０年3月に迫るというタイミングであった。こうした事情もあり、各都道府県の担当者は、医療機関との調整が非常にやりにくかったはずである。

せめて、新型コロナ患者に対する診療報酬を大幅に引き上げられれば、調整も進めやすいのであるが、2020年2月から4月前半までは、病院に対する金銭的補償はほとんど存在しない状態であった。厚生労働省が新型コロナ重症者への診療報酬を倍増させたのは、ようやく4月半ばのことであった。さらに、それでは全く採算が取れないという現場の声を聞き入れ、3倍増にしたのは何と5月末のことである。また、空き病床確保に対する交付金が措置されたのは第二次補正後の6月半ばのことであった。あまりにも遅く、小出しの対応と言わざるを得ない。

どうしてこのような「戦力の逐次投入」ばかり行うのだろうか。これは厚生労働省の担当部局の想像力欠如（先読み能力不足）やロジスティクスの甘さもさることながら、診療報酬変更が「中医協」（中央社会保険医療協議会）で了承を得る仕組みとなっていることが大きい。関係者間の高度な合意形成と利害調整が求められ、小回りが利かない中医協の問題点については後述する。

都道府県間の協力関係が希薄

第三に、都道府県間の協力関係が希薄で、都道府県をまたいだ病床の融通がほとんどできないことも、特に都市部の病床が簡単にひっ迫してしまった原因である。例えば、東京都内の病床がひっ迫するのであれば、近隣の神奈川、千葉、埼玉と協力し合えば、まだ近隣県はそこまでひっ迫している状況ではないのだから、全体としてのキャパシティーを保てるはずである。あるいは、近隣県も病床不足が迫っているということであれば、さらにその近隣の静岡、山梨、群馬、栃木、茨城などと協力し合えばよい。

また、我が国の医療提供体制は、地域偏在の問題が非常に大きいことが知られている。地方の中でも病院が少ない地域がある一方、病院が多い地域があるのだから、今後、都道府県をまたいだ調整は、都市部だけではなく、あらゆる地域で必要となる。

しかし、病床の調整作業は基本的に都道府県が担っており、せっかく調整できた病床を他県に譲ることなど、都道府県の首長や職員の立場では発想ができない。しかも、近年、地域医療構想によって、病床削減や機能別病床の適正化についても、都道府県の責任が強く求められ、都道府県ごとに進捗状況を競わされてきた。簡単に言えば、厚生労働省による都道府県別の分断統治が進んできたのである。このため、たとえ都道府県がお互いに病床を融通し合おうと思っても、もはやそのためのパイプも存在しない状況である。

機能分化の遅れと勤務医不足

お互いに譲り合う協力関係が機能していないのは、都道府県内、市区町村内も同様である。新型コロナウイルス患者を受け入れている病院の病床ひっ迫は、物理的にベッド数が足りていないというだけではなく、医療スタッフが不足しているということでもある。一方で、周辺の中小病院や診療所はコロナ禍でむしろ患者数が減っているのだから、診療時間を少なくするなどして、応援にかけつけることができるはずである。

しかし、我が国の場合には、大規模病院と中小病院、診療所は、普段から競争関係にある。なぜなら、患者はどこの医療機関に行ってもよい「フリーアクセス」の制度となっているからである。例えば、読者の皆さんが体調が悪いと思った場合、近くの診療所に行ってもよいし、中小病院に行ってもよいし、大きな総合病院に行ってもよい。多少、初診料が高くなることを覚悟すれば、いきなり大学病院に行っても全く問題ない。

医療機関から見れば、お互いが皆、商売敵である。このため、我が国はもともと医療機関間の連携・協力関係が進みにくい制度なのである。この点、イギリスやデンマーク、オランダなどの「かかりつけ医」制度が発達している国々では全く状況が異なる。体調が悪いと思った場合には、まずは近くの「かかりつけ医」に行かなければならないルールである。かかりつけ医が手に負えない病気であると診断して初めて、紹介状を持って病院に行くことになる。

診療所（かかりつけ医）と病院の役割分担が異なるため、普段から地域内で協力・連携し合う関係が成立している。これは、必ずしもかかりつけ医に最初に行くことが義務付けられていないフランスやドイツでも同様である。我が国の場合、かかりつけ医制度や、医療機関間の役割分担（機能分化と連携）の必要性が叫ばれて久しいが、なかなか進まない背景には、この自由すぎるフリーアクセスの問題がある。

第四に、そもそもの問題として、我が国は病院の勤務医が恒常的に不足している。一方で、診療所の開業医数にはかなりの余裕がある。今回の新型コロナウイルスに限らず、災害時などにおいても、簡単に病院がパンクしてしまう背景には、この病院の勤務医不足の問題がある。

ＰＣＲ検査が増えなかった本当の理由

新型コロナウイルスが二類感染症と分類されたことで、もう一つ崩壊を起こしかけたのが各自治体の保健所である。コロナ関連の対応業務が急増し、特に都市部の保健所はパンク状態に追い込まれた。具体的には、帰国者・接触者相談センターの設置のほか、ＰＣＲ検査（検査の可否判断と管理、当初は検体採取も）、感染者の行動調査、接触者の確認、入院先の調整、健康観察、自粛要請などの多岐にわたる業務に追われることになった。あれだけ市中感染が広がってしまえば、クラスター対策のための全数追跡調査は意味がないように思われるが、厚生労働省が方針を変えず、手間のかかる調査に全力を注がなければならなくなった。もちろん、役所内の他部局や都道府県からの増援も入ったが、専門的な業務が多いためになかなかすぐに戦力になることが難しい。

こうした中、ＰＣＲ検査数が諸外国に比べて極端に少なく、政府・厚生労働省による再三再四の号令にもかかわらず、なかなか増えないことが問題となった。しかし、保健所の行政検査を基本としている限りは、保健所のマンパワーがボトルネックになることは当然のことである。当初、ＰＣＲ検査数がなかなか増えなかった原因は、検査機関の処理能力の問題というよりは、保健所が崩壊寸前の状態にあったことが大きい。

現場は現場同士の忖度がある

その後、ＰＣＲ検査数はかなり増えたとは言え、世界の国々に比べるとやはりケタ違いに少ない状況が続いた。ＰＣＲ検査をもっとたくさん実施して、感染者と非感染者をはっきり分けることで、経済活動を行いやすくすべきという意見もあったが、なかなかＰＣＲ検査数が増えなかった理由の一つは、保健所や医療現場の忖度（そんたく）にあったと思われる。

実は保健所が普段行っている様々な通常業務（各種調査、啓発活動、地域の計画づくり、検診、予防、衛生など）は、基本的に地域の医療機関に協力を求めて実施するものが多い。ＰＣＲ検査を安易に増やして、地域の医療機関がパンクするようなことになれば、保健所と医療機関の関係が悪化し、その後の通常業務が大いに差し支えることになる。そうならないように「忖度」し、ＰＣＲ検査数を絞ろうとすることは、保健所の仕組みから言って当然である。

現在は、ＰＣＲ検査が保険適用となり、帰国者・接触者外来などの医師の判断で、保健所を通さずに検査依頼ができるルートもある。しかし、こちらのルートもはかばかしい進展がみられていない。帰国者・接触者外来は基本的に地域の医療機関であるから、こちらも地域内の病床の状況に忖度して、ＰＣＲ検査数を絞っているのではないかと思われる。

結局、各々の現場で、医療崩壊が起きないように逆算してＰＣＲ検査数が判断された可能性が高い。もし、政府が「経済との両立化策」を進めるためにＰＣＲ検査数を諸外国並みに増やしたいと考えるのであれば、まずは医療崩壊が簡単に起きないような手立てを先に講じることが必要である。また、ＰＣＲ検査だけではなく、様々なコロナ関連施策のボトルネックを解消するためにも、保健所のマンパワー増強はもはや不可欠と言える。

もっとも、ＰＣＲ検査でまず優先すべきは、医療機関の医療スタッフと救急で運ばれてくる疑似症患者である。これは、医療現場にとっても最優先課題であるから、ある程度、現場の忖度に任せていても、自然に検査数が拡大してゆくだろう。

停滞する「地域医療構想」

さて、以上の議論は、あくまで新型コロナウイルスの感染症対策という観点からであったが、我が国の医療提供体制が抱える根本的課題もいくつか浮き彫りとなった。以下では、その中から、①病床（機能別病床）の地域偏在を解消しつつ、今回のような緊急時に病床調整を進めやすくするにはどのような仕組みを作るべきか、②病院の勤務医不足をどう解消するか、という二つの課題について論じることにしたい。これらは、コロナ禍が収束しても残る課題であり、今後、放置すればますます問題が深刻化する。このコロナ禍を奇貨として、今すぐ抜本的な改革に着手すべき課題である。

既に何度か触れているが、病床数や機能別病床数の地域偏在を解消し、今後の人口構成に合わせた医療提供体制に調整するため、厚生労働省が現在進めている施策が「地域医療構想」である。これは、以下のような施策である。まず、①各病院が現在の機能別病床の内訳や将来計画を都道府県に報告し（病床機能報告制度）、②都道府県はそのデータ等を活用して2025年の地域ごとの機能別病床目標数を策定する（地域医療構想）。その後、③各地域の医療関係者や行政関係者、有識者等から構成される調整会議（地域医療構想調整会議）を設け、④現状をその目標数に収れんさせてゆくための調整作業を行う。

公立・公的病院の再編統合も困難に

現在、既に④の段階まで進んでいるが、その進展ははかばかしくない。その理由は、調整会議が地域ごとの目標数に向けて病床再編を行うための手段を、もっぱら関係者同士の話し合いにゆだねているからである。パイが拡大してゆく時代ならともかく、縮みゆく時代の合意形成・利害調整を話し合いだけで行おうというのはあまりに非現実的である。もちろん、急性期病床を回復期病床に転換する際には、改築費程度の補助金が出る仕組み（地域医療介護総合確保基金）があるが、動機づけとしてはいかにも弱い。このため、各調整会議の議論は紛糾あるいは停滞し、なかなか厚生労働省が期待するようには進んでいない。

業を煮やした厚生労働省は、２０１９年９月に同省の「地域医療構想に関するワーキンググループ」において、再編統合が必要と考える４２４の公立・公的病院を実名公表し、各地域の調整会議の議論を活発化しようとした。そして、その再編統合論議の期限を２０２０年３月に設定していたが、今回のコロナ禍でそれどころではなくなってしまった。

しかも、新型コロナ患者の受け入れ病床拡大のために、厚生労働省や各都道府県は、公立・公的病院から多大な協力を得ている。したがって、今後はなかなか公立・公的病院の再編統合という議論はしにくくなるだろう。今後、地域医療構想を進めるには、何らかの強力な経済的インセンティブを設計すべきである。

地域版中医協の提案

一つの方法は、診療報酬をもっと柔軟に活用することである。現在、診療報酬は、厚生労働省に設置された「中央社会保険医療協議会」（中医協）で審議・答申され、事実上の決定が行われる仕組みとなっている。中医協では、国内のあらゆる医療行為や薬剤の価格が話し合われ、2年に一回の大きな価格改定を決定するほか、今回のコロナ受け入れ病院の診療報酬引き上げのような特例的対応を話し合い、承認することになっている。

問題は、その委員構成が、日本医師会などの診療側委員7名、各保険者などの支払側委員7名（その他、学識経験者などの公益委員6名）というたくさんの利害関係者で構成されており、その合意形成・利害調整が非常に難しいことである。しかも、基本的に診療報酬を引き上げたい診療側委員と診療報酬を下げたい支払側委員の対立構図となっており、しばしば議論が紛糾し、迅速な意思決定が難しい。また、この中医協による仕組みでは、全国一律の価格設定しかできず、地域ごとに大きく異なるニーズに細かく対応できないという問題がある。

そこで、小回りの利かない中医協を補うための機関として都道府県別の「地域版中医協」を設けてはどうであろうか。もちろん、診療報酬の緻密な設計は全国一律で行えばよいが、それをベースに地域ごとに加算・減算を「地域版中医協」が行い、地域内の病床再編を促すインセンティブを作る。加算・減算は地域内の医療費総額が増加しないように縛りをかける。

病床取引市場の創設

もう一つの方法は、地域ごとに「病床取引市場」を作り、病院間の病床の売買を認めることである。例えば、ある地域において、地域全体で急性期病床を20%削減することが地域医療構想の目標になったとしよう。まず、急性期病床を持つ地域内の全病院に、いったん急性期病床を一律20%減らして回復期病床に転換する義務を課す。しかし、中には重症患者が多く、急性期病床を絶対に減らしたくない病院もあるだろう。その一方で、急性期病床の稼働率が低く、40%減らしてもよいという病院もあるかもしれない。その場合、前者が後者の急性期病床を買い取り、両者合計して20%の削減目標を達成する。病床の値段は当事者間でよく話し合って両者が納得する価格にすればよい。

この仕組みを地域全体に広げれば、当事者間で話し合う必要はなく、病床の取引市場を作って、多数の病院間で売買が行える。株の取引のように、売り手と買い手がオンライン上の市場に集まり、1床から自由に値決めして売買するのである。パソコンのモニター上には株価と同様、その時々の病床の取引価格が提示されることになる。物理的にベッドを売買するのではなく、病床を持つ権利を取引するのであり、既存の二酸化炭素の排出権取引と類似した仕組みである。前例があるので、実務上は何ら困難がない。

緊急時の短期売買、リースも可能

また、人口減少が進む地方において、地域全体の病床数を削減しなければならない場合にも、この病床取引市場は有効である。つまり、人口増が進む都市部はまだまだ病床数を増やす余地があるが、その際、病床取引市場で国が新規病床を販売するのである。当然、高値で売れるだろう。その原資をもとに、地方病院の病床削減を金銭補償すれば、その不満をある程度やわらげることができる。あるいは、病床取引市場を全国版に広げ、直接、地方と都市間の病床取引を認めてもよいであろう。

また、今回のコロナ禍のように、一時的に都市部の大規模病院の病床数を増加させたい時や、期限付きでプレハブの新型コロナ専門病棟・専門病院を作る際にも、この病床取引の枠組みを使うことができる。すなわち、地方のあまり利用していない病床を、期間限定で購入したり、リースしたりすることを認め、全国版の病床売買市場で取引すればよいからである。このやり方であれば、新型コロナウイルスの波が、都道府県間で毎回異なる広がり方をしても、短期間に調整ができる。市場取引を使うメリットはその柔軟さと素早さにある。

事実上の地域間病床融通

もちろん、厚生労働省が新型コロナ収束までの期間、一般病床の病床規制を外す規制緩和を行うことが必要である。しかし、この病床取引によっても全国の病床数は一定数に保たれるから、総量としての規制は守られている。厚生労働省としても期限付きの措置であれば、規制緩和を認めやすいと思われる。

また、病床増に応じて、医療スタッフを一時的に増やす必要があるが、国や都道府県が交付金を使って、診療所の医療スタッフに対価を払って協力してもらったり、フリーランスの医師や看護師を雇ったりすればよい。このやり方は、コロナ禍が収束した後でも、災害時や他の感染症流行などの緊急時に使える。

ちなみに、新型コロナ専門病院は、2020年9月現在、東京都が渋谷と府中に開設する予定となっている。ただ、病床数は2病院合計で200床と少ない。大阪府は既に十三(じゅうそう)市民病院を新型コロナ専門病院としているが、用意されている病床はわずか90床である。これは、既存の病床規制の枠組みの中で対処せざるを得ないことが原因であろう。地方から、一時的に病床を大量に買い取り、既存の病床規制を超える対応ができるようにすれば、もっと大きなキャパシティーを確保できる。これは、現在は機能していない「都道府県をまたいだ病床の融通」が、病床取引を使って達成できることを意味する。

勤務医不足の原因は何か

一方、近年ますます深刻さを増している病院の勤務医不足については、①開業医を含め、我が国の医師数全体が不足している、②残業時間が長いなど、勤務医の労働環境・働き方が悪い、③開業医と比べて収入が低く、労働の対価として賃金が見合っていないなどの理由が挙げられることが多い。

このうち、①の全体の医師数が本当に不足しているかどうかは、まだ明確な結論は得られていない。確かに、我が国の人口１０００人当たり医師数は２・４人と、ＯＥＣＤ平均の３・５人を下回る（２０１７年時点で比較）。しかしながら、この20年ほど、我が国の人口当たりの医師数はずっと増え続けており、医師不足というよりは地域の偏在だという見方もある。一方、②の労働環境・働き方や、③の開業医に比べた収入の低さが、勤務医不足の原因であるという見方については、ほぼ異論のないところであろう。そして、収入や待遇の問題が起きる背景には、厚生労働省が行っている価格規制——つまり、診療報酬制度や中医協の問題がある。

もし我が国の医療分野が、普通の産業と同様に、価格が自由化された市場経済の中にあるのであれば、勤務医不足問題が生じることはない。そもそも「不足」というのは、現在の価格の下で、そのサービスを利用したいと考える消費者の「需要」に対して、生産者側の提供可能なサービスの「供給」が追い付かないという状況が、持続的に生じているということである。

しかしながら、通常の市場経済でもしこのような状態が生じれば、①そのサービスの価格が直ちに上昇する、②価格上昇に反応して供給量が増える、③価格上昇に反応して消費者の需要量が減るという三つのメカニズムによって、需要と供給はすぐに調整され、不足という「不均衡」状態が持続することはあり得ない。勤務医が行う病院の診療サービスの価格が上昇するのであれば、勤務医の賃金も改善するし、医師以外の医療スタッフ（コメディカル）の充実によって労働環境・働き方も大幅に改善されるはずである。

開業医の診療報酬を引き下げよ

しかしながら、我が国の場合は、診療報酬として医療サービスの価格が公定され、医療機関に対する厳しい参入規制も存在するため、このような便利な市場メカニズムがほとんど機能しない。このため、不均衡が広がって勤務医不足問題が生じるのである。

したがって、問題の処方箋は簡単である。具体的に、勤務医不足問題の対応としては、病院の診療報酬を大幅に引き上げる一方、開業医の診療報酬を大幅に下げるべきである。開業医の診療報酬の引き下げを行う理由は、財政的に中立を保つ（全体として医療費を増やさないようにする）意味もあるが、これまで勤務医を辞めて開業医になることが広範に起きているため、相対的に開業医が過剰となっているからである。

もちろん、こうした診療報酬による需給調整という考え方は、２年に１度行われる診療報酬改定でも、全く考慮されていないわけではない。例えば、２０２０年度の診療報酬改定では、勤務医不足対策として約２７０億円の対策が決まっている。すなわち、救急病院における勤務医の働き方改革に１２６億円程度を特例的に認め、併せて勤務医の働き方改革として、地域医療介護総合確保基金で１４３億円程度を確保している。

しかし、我が国の医療費は約42・６兆円（２０１８年度の概算医療費）であり、病院が約

23・2兆円、一般診療所は約8・7兆円である。その病院分が270億円増えたとしても、まさに「焼け石に水」である。両者の配分はほとんど変化しないから、勤務医不足対策にはならない。

実は2020年以前の診療報酬改定でも、勤務医不足対策は手を変え品を変え、毎回のように考えられてきたが、せいぜい数百億円から千数百億円程度の対策費しか決まらず、需給調整としてはほとんど意味をなさなかった。

ここでも必要な地域版中医協

結局、中医協における診療報酬改定のプロセスでは、開業医が中心となっている日本医師会の影響力があまりに大きいため、病院の勤務医の診療報酬をそれほど増やせず、必要な需給調整がメリハリをつけて行われないのである。春闘のように全体としてのプラス改定を目指すような全員参加型の団体交渉では、配分を変えることなど、そもそも仕組みとして不可能である。

そこで、このように政治的に調整不能な中医協を補完する仕組みとして、先に提案した地域版中医協を活用するアイディアがある。地域別の勤務医不足の状況に応じ、地域ごとに加算、減算を行って調整するのである。病床偏在と勤務医偏在はほぼ同義であるから、必要な処方箋も実は同じなのである。

もちろん、地域版中医協にも政治的な歪みが生じる可能性があるが、全国一本の現行の中医協よりは、はるかにマシであろう。地域版中医協のメンバーは、その地域に根差した医療関係者となるために、都道府県行政や地域住民などからのチェック機能も働きやすい。病院医師と開業医の力のバランスも、国の中医協よりも良くなるだろう。両者には、地域医療の問題を解決して、その地域を良くしていこうという共通の目的もある。

国の中医協の役割を縮小せよ

さらに、地域版中医協が機能するようになると、国の中医協の力を削ぐことができるという副次的効果がある。つまり、都道府県の医師会は、地域版中医協で必要な利害調整ができるようになるので、全国で一枚岩となって国の中医協で影響力を行使する意味があまりなくなる。もともとある都道府県別の医師会の対立関係もより先鋭化する。

そもそも、国の重要施策を決める審議会で、そこから利益を得る業界団体の代表が委員を務めているというのは、利益相反の問題がある。また、２００４年に起きた中医協汚職事件からもわかるように、権力が集中する中医協は腐敗が生まれやすい構造になっている。

同じような仕組みであった「米価審議会」は1999年に廃止されている。もはや令和の時代なのであるから、このような「ザ・昭和」の仕組みはそろそろ見直さなければならない。

なかなか中医協改革を正面から進めることは政治的に難しいが、千里の道も一歩からである。コロナ禍の非常事態を理由に、何事も中医協で承認されなければ決められないという仕組みを少しずつでも変えていってはどうか。

IT化・デジタル化の足を引っ張る医師会

また、アフターコロナ時代のIT化・デジタル化社会に対応するためにも、診療報酬改定を1年に1回に早めることが勧められる。1年に1回だと薬価差益が少なくなるから、医療費削減にも有効であるし、それが大義名分にもなる。改定のための膨大な作業を1年ごとに行わなければならなくなると、中医協でゆっくりアナログな議論をしている余裕などなくなるから、改定作業の多くがルーティン化・自動化されることになる。一気にIT化・デジタル化が進み、厚生労働省の作業も効率化できよう。その分、中医協委員が口をはさむ余地が減り、その影響力が弱まることになる。

また、このコロナ禍の最中に、日本医師会はオンライン診療の拡大（遠隔診療の初診時からの導入）に反対しており、せっかく認められた遠隔医療の規制緩和がコロナ禍収束後に元に戻ってしまう可能性が高い。ＩＴ化・デジタル化を進めて、アフターコロナ時代の明るい未来を切り拓くためには、何事も関係者の顔色を見ながらしか進められない中医協の仕組みはガンでしかない。コロナ禍をうまく利用して、厚生労働省は昭和型行政から抜け出すべきである。

第5章

目前に迫る介護崩壊

介護は三密産業

密閉、密集、密接の「三密」を避ける新型コロナ対策が実施される中、産業としての存立基盤が脅かされているのが、介護分野である。「人間が人間の世話をする」という介護サービスの特性を考えると、介護者と要介護者の密接はどうしても避けようがない。

また、基本的に介護サービスは外ではなく、部屋の中で行われる。真夏や真冬は、換気のためにいつまでも窓を開けておくわけにもいかず、密閉になりがちである。さらに、施設介護やデイケア、ショートステイなどの介護サービスは、大勢の高齢者が同じ空間の中に集まって行われるサービスであるから、密集そのものと言える。

十分に気をつけていたとしても、ウイルスはちょっとした隙から入り込んで広がってしまう。そうなると、若者とは違って、高齢者はすぐに重篤化し、死亡する危険性が高い。高齢者が集団生活する介護施設などでは、クラスターの発生は文字通り致命的である。

したがって、２０２０年４月の緊急事態宣言以降、多くの介護事業所が休業したり、定員数やサービス時間、サービス範囲を縮小せざるを得なくなった。実は自治体からの休業要請はそれほど多くはなかったのだが、事業者たちは自主的判断として、サービスを停止・縮小したのである。

その中でも、特に深刻な影響が出たのが、高齢者を１ヶ所に集めて実施するデイケアやデイサービスなどの通所介護である。近年、政府が決める介護サービス料金（介護報酬）の低下により、赤字経営に陥っていた事業所が多かったが、コロナ禍がダメ押しとなり、多くの事業所が経営危機に直面している。また、訪問介護や訪問看護などの居宅介護も、事業者自身の自粛に加えて、要介護者やその家族が不安感を覚えて利用を手控えており、多くの事業所が経営不振に陥っている。

負担が増す介護現場

一方、特別養護老人ホーム、有料老人ホーム、グループホームなどの広い意味での「介護施設」は、利用者数の減少自体は深刻ではないものの、施設職員の業務負担が大変過重なものになっている。施設内のクラスター発生を絶対に避けなければならないため、職員は職場でも帰宅先でも、高いレベルの感染防止策が求められる。外部業者が使えず、施設職員が自前で行わなければならない業務も増加している。

また、家族の面会が禁止され、外出もできない閉鎖的な状況下で、ストレスをため、体調を崩す要介護者も少なくない。ストレスが原因と見られる異常行動が増えたり、認知症が進んだり、身体能力（ＡＤＬ）の低下が観察されるようになっている。こうして、ただでさえケアの量が増えているにもかかわらず、ひと頃は、子どもの保育園や学校休校に伴って欠勤・休職する職員も少なくなかった。残る職員の負担がますます重くなったのである。

また、過重な負担を負っているのは、施設職員に限ったことではない。感染症対策に細心の注意を払わなければならないのは、居宅介護や通所介護も同様である。もともと遠距離介護を行っていた家族が全く訪問できなくなり、訪問介護のヘルパーやケアマネージャー頼りとなっている要介護者も多く、ヘルパーたちの負担感が増している。

対応が早かった厚労省

こうした中、やや救いであったのは、厚生労働省の担当部局の対応が他の分野に比べて早かったことである。既に２０２０年2月の段階から、矢継ぎ早に事務連絡を発出し、各事業者への感染症対応の指示、各事業所への特例的な規制緩和を次々と実施した。

例えば、新型コロナ感染などで職員数が不足している事業所については、人員配置基準を満たさなくても良いこととし、同一法人の他の事業所からの職員応援、無資格者によるサービス提供を許可した。また、通所サービスが実施できない場合には、職員が代替サービスとして利用者宅を訪問して介護を行ったり、一部のサービス提供だけでも料金の徴収（介護報酬の算定）を認めたりしている。さらに、２０２０年6月からは、通所介護の経営支援策として、特例的な料金アップ（介護報酬の上乗せ措置）を実施した。

医療分野とは異なり、介護分野は厚生労働省自身が規制や介護報酬決定のグリップを握っているため、いざという時の迅速な対応が可能なのである。ただ、医療分野ほどにはマスコミや国民の注目が集まらないために、予算（税財源）を必要とする経営支援策や介護労働者の支援策は、医療分野に対して後れを取っているのが実情である。

倒産・廃業は目前に

さて、このコロナ禍への対応がまだまだ続くとなると、今後、どのようなことが懸念されるのだろうか。①介護事業所、②要介護者、③その家族の三つに分けて考えてみよう。

まず、介護事業所であるが、居宅介護や通所介護の利用者減が続くことにより、倒産や廃業、事業所の閉鎖が、日増しに増えてゆくものと思われる。現在は通所介護の経営危機ばかりに目が行っているが、訪問介護などの居宅介護も小規模法人が極めて多く、意外に早く経営危機が表面化する可能性が高い。また、もともと深刻であったヘルパー不足に、コロナ禍が拍車をかけている。資金繰りを何とか乗り越えても、ヘルパー不足から事業所を閉鎖したり、廃業したりする事業者が出てくるだろう。

そして、同じことは介護施設にも当てはまる。既に述べたように、介護職員の負担レベルはかなりの高水準が続いている。職員がバーンアウトして退職するようなことが続けば、残る職員にますます大きな負荷がかかり、さらなる退職の悪循環が起きることになる。今後、人員不足から閉鎖に追い込まれたり、定員を縮小せざるを得ない施設が顕在化すると、現状では利用者の行き先を確保することは至難の業であるから、一大事と言える。

認知症や要介護度の悪化

要介護者については、在宅と施設で状況はかなり異なる。また、在宅の要介護者の場合でも、世話ができる家族がいるか、いないかで状況は違う。このうち、もっとも心配されるのが、同居・近居家族がいない在宅の要介護者である。居宅介護や通所介護の利用が難しくなる中で、ケアの手が行き届かず、生活レベルが相当に低下している。この状況が長期化すると、栄養状態や衛生状態、健康状態の悪化が懸念される。また、近隣住民や遠距離介護をしている家族の訪問頻度が減り、孤立化が進んでいる場合も多い。孤独感や不安感が深まり、今後、精神的な疾患を発症したり、認知症や要介護度が進行する要介護者が増加するだろう。

施設に入所する要介護者については、施設職員がいるだけ状況はマシと言えるが、面会禁止や外出禁止で、閉鎖空間での生活を余儀なくされているから、やはり健康状態・精神状態の悪化が懸念される。

一方、介護保険サービスの利用を減らし、その分、家族介護が代替しているケースも増えている。これまでは、なんとか有給休暇や休業・休職で対応できたが、今後もこの状態が続くとなると、本格的な家族介護に移行せざるを得ない。仕事を辞めたり、要介護者と同居するなど、大きな決断を迫られる。その場合の介護費用をどう負担するか、就業しない間の生活費をどうするかなど、様々な問題に直面する。簡単に言えば、介護保険が始まる前の家族介護に戻ってしまう。

その場合、介護を受ける高齢者だけではなく、介護を行う家族が身体的・精神的・金銭的に追い詰められてしまうことが懸念される。コロナショックで、家族の経済状態も悪化している場合がある。政策的には、家族を含めた要介護世帯の孤立化、貧困化に、特に注意を払う必要がある。

さらなるコロナ特例の必要性

こうしたことを考え合わせると、厚生労働省による対策も、さらにもう一歩踏み込むべきである。まず、介護事業所への経営支援策であるが、赤字経営が続いて資金繰り倒産してしまうことがもっとも懸念される。既に、2020年度の第二次補正予算で、厚生労働省の外郭団体（独立行政法人福祉医療機構）による無利子・無担保融資が行われているが、それをさらに拡充したり、通常の銀行融資を受けられるような規制緩和を実施すべきである。

介護事業所が利用できないと、家族介護に頼らざるを得ず、その場合には家族が就業できなくなってしまう。従業員の介護離職によって、企業活動にも悪影響が及ぶ。その意味で、介護事業所は、他の企業の経済活動に影響する波及効果を持つから、公費を用いた介護産業の経営支援策が、ある程度正当化できる。例えば、新型コロナウイルスの感染症対策に伴って増えている諸費用や労働時間に対して、公費による交付金を期間限定で行うことが考えられる。

また、通所介護については、コロナ対応のために介護報酬を期間限定で引き上げているが、これを他の介護サービス分野にも広げるべきであろう。ただし、その場合には、利用者負担額も同時に上がってしまうので、利用者に反発されてかえって利用者数が少なくなる懸念がある。そこで、利用者負担の引き上げ分については、期間限定で公費を投入し、実質的に追加的な利用者負担が発生しないように措置を行うと良いだろう。

家族介護者への支援

一方、新型コロナで家族介護を余儀なくされている世帯への支援策も急ぎ考える必要がある。今回、学校休校によって子育て負担が増加した家庭に対しては、①子ども1人に1万円の給付金（子育て世帯への臨時特別給付金）や、②子どもの世話のために有給休暇を取得させるための日額1万5000円までの企業への補助（小学校等の臨時休業に伴う保護者の休暇取得支援助成金）、③子どもの世話をするために休業するフリーランス等への日額7500円の給付金が実施された。家族介護の場合にも、同じような支援策を考えるべきである。

例えば、介護休暇は年間5日、介護休業は年間93日（通算）の取得が可能であるが、コロナ禍が収束するまでの期間、その日数を延長し、企業への介護給付金を拡大してはどうか。ただ、実際には、家族介護をする従業員は、介護休業を取るよりも、有給休暇を取る場合も多いから、時限的な休暇取得支援助成金の方が機能する可能性もある。もちろん、フリーランス等への介護休業給付金も同時に考える必要がある。

コロナ禍を奇貨とした抜本改革

ただ、よく考えてみると、今回、コロナ禍で問題となっている諸課題――負担が増す介護現場、介護労働力不足、低介護報酬による経営不振などは、別に今に始まったことではなく、これまでずっと続いてきた課題である。今まで、だましだまし、大きな改革を行わずにその場しのぎの措置でやり過ごしてきたが、今回のコロナ禍で一気にその限界が来ているのである。

そして、重要なことは、この先、コロナ禍が収束したとしても、これらの諸課題は解決しないということである。むしろ、この先、ますます問題が深刻化する。厚生労働省の人口予測によれば、少なくとも２０４０年頃までは高齢者数は増加し続ける。一方、その高齢者を支える現役層の人口減少は今後、加速度的に進む。総務省の統計と国立社会保障・人口問題研究所の人口推計によると、２０１９年から２０４０年にかけて、65歳以上人口は３３２万人増えるのに対し、20〜64歳人口は１３８２万人減る。当然、介護労働力不足がますます深刻になることは火を見るより明らかである。しかも、今後の労働力源として期待していた外国人労働者も、当分の間は頼りにできない。その意味で、今回のコロナ禍に伴う極度の労働力不足や高負担の介護現場は、来たるべき未来を先取りして見せていると言っても過言ではない。

したがって、これらを一過性のものと見るべきではない。諸課題に対して対症療法ではなく、根本療法で対応すべきである。コロナ禍を奇貨とし、これを機に抜本的な改革に取り組む姿勢が、介護事業者にも、国や自治体にも求められる。まずは手始めに、今回、コロナ特例として認めた人員配置基準などの規制緩和措置を、恒久化してみてはどうか。

ヘルパーの有効求人倍率は14・75倍

そもそもコロナ禍が起きる前から、介護労働力不足が生じていた理由は何だったのであろうか。問題の原因がわからなければ、解決策を得ることはできない。

まず、中長期的に日本の現役層の人口が減少していることが、その底流にあることは間違いない。全体の働き手が少なくなれば、介護サービスに従事する労働者も減るからである。しかしながら、介護以外の産業は「人手不足、人手不足」と言いながらも、実は介護産業ほどひどい状況には陥っていない。

例えば、コロナ禍前の2019年4月時点で、介護分野の有効求人倍率は、全産業平均の1・38倍を大きく引き離し、3・8倍というひっ迫状況であった。これは、介護労働者1人に対して、平均して3・8個の事業所から求人があるということである。訪問介護ヘルパーの有効求人倍率に至っては、14・75倍（2019年平均）というから驚きである。

現在は、介護事業所の経営不振から、求人はもう少し減っていると思われるが、介護ヘルパーの供給もコロナ禍で減少している。したがって、介護産業の有効求人倍率は、いまだに深刻な水準のままであると思われる。

実は、介護産業の労働力不足が特に深刻となる背景には、介護保険制度固有の構造的な問題がある。

慢性的な労働力不足が生じる理由

介護産業の特徴は人件費比率が高いことである。施設、居宅、通所ともだいたい7割前後である。このため、介護サービスの料金である介護報酬に、介護労働者の賃金はほぼリンクしている。政府が介護報酬を引き上げれば、介護労働者の賃金も引き上げられるし、介護報酬を引き下げれば、賃金も引き下げなければならない。

近年は、アベノミクスによる景気回復・好調持続で、介護以外の産業の名目賃金が高くなっていたが、介護報酬は介護保険財政の悪化を懸念して、ほとんど引き上げられてこなかった。実際、2015年の介護報酬は大幅なマイナス改定（-2・27%）、2018年はほぼゼロ改定（+0・54%）である。このため、もともと他産業に比べて介護産業は低賃金であったが、アベノミクスでその差がますます広がり、離職者増や参入減が深刻化したのである。

もちろん、厚生労働省もただ手をこまねいていたわけではない。介護労働者の賃金増につながる加算（介護報酬の介護職員処遇改善加算）を創設・拡充してきたが、介護保険財政全体のパイが決まっている中では、焼け石に水であった。なお、介護保険の費用総額は、２０１8年で約10兆円である。

介護報酬の2割引き上げで解決か

したがって、介護労働力不足を解決する方法は、介護報酬の本体価格をきちんと引き上げることに尽きる。少なくとも他の産業で支払われる賃金と同等の賃金まで引き上げられるだけの介護報酬を確保する。

ただ、介護報酬を引き上げれば、その分、財源である保険料や税負担を引き上げなければならない。現在の介護保険料（65歳以上の全国平均）は、月額５８６９円（２０２０年度）であるが、他の産業並みの賃金を確保するだけの介護報酬引き上げを行うと、月額７０００円程度となる（ラフな計算だが、介護労働者と全産業平均の労働者の賃金格差が約３割、介護産業の人件費比率が７割なので０・３×０・７で約２割の引き上げが必要である）。40歳から64歳の保険料も平均額で見て大体同程度の引き上げとなる。また、介護保険財源の半分は税金であるから、40歳未満の人々も含めて税負担が上がることを覚悟しなければならない。

つまり、合計で月額２０００円強の負担増となることに国民が合意できれば、介護労働力不足は解決できる可能性が高い。今後、コロナショックで介護以外の産業の賃金が下がってくれば、もう少し負担増は少なくできるかもしれないが、もともとの賃金格差があまりに大きいので、景気低迷の効果は限定的であろう。

保険と保険外の「混合介護」が現実的

一方、政府予測（内閣官房・内閣府・財務省・厚生労働省「２０４０年を見据えた社会保障の将来見通し（議論の素材）」平成30年5月21日）によれば、今後も高齢化で要介護者が増えるので、65歳以上の介護保険料は２０２５年度に月額６９００円から７２００円、２０４０年度に８８００円から９２００円に引き上げる必要がある。40歳から64歳の保険料も同様で、さらに税負担も増加する。そのような状況下で、さらに介護労働者の賃金引き上げのための負担増を国民に迫れるかと言えば、政治的にはかなりハードルが高い。

そこで、介護報酬引き上げ以外の方策として考えられるのが、第一に「混合介護の導入」である。混合介護とは、医療保険における混合診療と同様、保険サービスと保険外サービスの同時併用を認める制度である。

具体的には、サービスの質が高いことなどを条件に、介護報酬以上の料金設定を認める。例えば、身体介護の介護報酬は現在、1時間当たり約4000円であるが、これを4500円の料金とする。このうち500円が保険外料金であり、利用者は保険サービスの1割（400円）と合わせて900円を自己負担する。ヘルパーの時給は一気に500円も引き上げ可能である。

一方、介護保険からの給付（3600円）は今までと変わらないので、介護保険料や税負担が上がることはない。このように価格面の混合介護を解禁すれば、努力次第で賃金アップが可能となることから、質の高い労働力が介護産業に踏みとどまる大きな動機づけとなる。むしろ、努力してもしなくても同じ料金という現行制度の方が、悪平等で不健全な仕組みと言える。もちろん、利用者に選ばれなければ、この料金アップは維持できないから、利用者の不利益になることはない。質や内容の付加価値に満足する利用者だけが高い料金を選ぶのである。

混合介護の例

混合介護の付加価値とは具体的にどのようなものを指すのであろうか。例えば、要介護者の好みや性格をよく理解していて、かゆいところに手が届く、オーダーメイドの介護ができるということである。そのようなお気に入りのヘルパーを継続して利用するために、一種の「指名料」を払うのである。また、料理の腕が良い、専門知識があって健康のアドバイスができる、利用者と同じ出身地域の言葉が話せて、コミュニケーションが取りやすいなど、追加料金を支払っても良いと考える様々な付加価値があり得るだろう。

さらに、既存の介護サービスは、内容に様々な制約が設けられている。例えば、高齢者夫婦の世帯で、どちらか一方が要介護者の場合、ヘルパーは要介護者の分の食事は作れるが、同居する配偶者の分は作れないルールとなっている。１人分作るのも２人分作るのも時間的には同じようなものであるが、もし、配偶者分の食事を作ることをお願いすると、わざわざ２回に食事を分けて作り、１回分の時間を保険外サービスとして別途、料金請求することになる。それはあまりに非効率であるから、２人分の食事を一緒に作り、多少の追加料金を請求できる混合介護にすれば便利である。

同じように、家族の衣類を一緒に洗濯したり、要介護者が使う居室以外の場所（例えば廊下や他の部屋）をついでに掃除するなども考えられる。要介護者の買い物のついでに、家族の物を一緒に買うこともできる。もちろん、本来の要介護者へのケアがおろそかになってはいけないが、様々な融通を利かせることで、付加価値を上げる手段はたくさんある。

厚労省による統制経済の岩盤規制

この混合介護のアイディアは、介護報酬として政府がサービス料金を決める現行の「統制経済」と、市場がサービス料金を決める「市場メカニズム」の言わばハイブリッドである。そもそも介護分野に市場メカニズムが導入されていれば、前章の医療分野と同様、労働力不足問題は生じない。必要なだけ賃金が引き上げられ、その分、介護サービスの料金が上昇するだけである。逆に言えば、介護労働力不足問題は、勤務医不足問題と同様、厚生労働省による「統制経済」が生み出している弊害なのである。

そこで、せめて部分的にでも市場メカニズムを導入して、介護労働力不足問題の緩和を図ろうというのが混合介護の発想である。実は現在、東京都豊島区で、実験的な導入が行われている。豊島区と東京都が、国家戦略特区制度を使って実施している「選択的介護」である。筆者もそのスタートアップ時には、東京都特別顧問、東京特区推進共同事務局長、国家戦略特区ワーキンググループ委員、豊島区・選択的介護モデル事業に関する有識者会議委員という公職を務めており、その実現に関わっていた。

ただ、先の例で言えば、家族の食事を一緒に作ることまでは実施できているが、まだ指名料は認められていない。それは、厚生労働省の発想が頑（かたくな）で、なかなか規制緩和を認めないからである。まさに岩盤規制であり、「統制経済」に穴を空けることは政治的に容易なことではない。

ＩＴ化による労働生産性引き上げ

第二の方策として、ＩＴ化・デジタル化による介護労働者の労働生産性引き上げが考えられる。経済的な観点に立てば、労働力が不足するのであれば、労働者一人当たりの「労働生産性」を引き上げてそれを補うことが自然な発想である。簡単に言えば、１人の介護労働者がより多くの高齢者のケアをできるようにするのである。もちろん、その分だけ、介護労働者の身体的・精神的負担が増したり、高齢者一人ひとりに対するケアの質が低下しては意味が無い。今までの労働密度やケアの質を変えずに、世話できる高齢者の数を増やすのである。どのような方法を用いれば、そのようなことができるのか。

ＩＴと聞いて、誰しもがすぐに思い浮かぶのは、介護ロボットの導入であろう。介護ロボットといっても、ソフトバンクのペッパーのような人型ロボットに、高齢者の話相手をさせるだけが能ではない。介護職員やヘルパーが、要介護者の体位移動を容易にできるようにする介護アシストスーツもあれば、要介護者のリハビリ用ロボットもある。また、高齢者の動きをセンサーで感知して、その様子や異常を知らせる装置もある。ＡＩを使えば、さらにいろいろなことができるようになるだろう。

ただし、現状では、介護ロボットを使って、介護労働者不足を補うと、かえって事業所の収入が減る仕組みになっている。なぜならば、介護報酬は介護労働者が行うケアの時間分しか請求できないからである。厚生労働省が、介護ロボットを使っても介護報酬が減らないような規制改革を行わなければ、せっかくのＩＴ技術も無駄になる。

事務の効率化

もう一つ、ＩＴ化・デジタル化による労働生産性向上が期待できるのが、介護事務の分野である。現在、ヘルパーや介護職員たちは、高齢者の世話だけではなく、介護記録を作成すること、市区町村に提出する証書類や報告書の作成、介護報酬の請求事務などに、相当の時間を費やしている。手書きの作業も多い。他の産業で使っている当たり前の事務処理システムを使うだけでも、この業務は大幅に効率化できる。

ただ、例えば、訪問介護では「１法人１事業所」と言われる零細事業所が全体の約７割を占めるので、一つ一つの零細事業所が自前で情報化投資を行っても、費用の方が高くついてしまう面がある。また、書類を審査したり、監査を行ったりする市区町村の側があまりにもアナログ文化であるという問題がある。行政は、オンライン化できていないどころか、何でも紙の書類を求めることもあり、介護産業の事務効率化の足を引っ張っている。その上、市区町村ごとに報告書類のフォーマットが異なったり、監査や指導の基準がまちまちだという問題もある。

ここは、厚生労働省が音頭を取って、全ての書類のフォーマットを統一化し、パソコンやタブレットを使って全てオンライン上で報告・請求・審査できるようなシステムを作り上げるのが良いのではないか。もちろん、厚生労働省が作るのではなく、厚生労働省が仕様などを決めて外注する。ひとたび全国共通のシステムを作ってしまえば、零細業者でもタブレット端末一つで参加可能であるから、急速に普及するだろう。これは一種の公共財のようなものであるから、税金を投入することが正当化される。

「規模の利益」・「範囲の利益」の追求

もっとも、情報化投資に限らず、1法人1事業所という零細事業所の労働生産性は極めて低いことが知られている。たくさんの事業所を持つ大規模な法人の方が労働生産性が高くなることを「規模の利益」と言うが、まさに介護産業も規模の利益が働いている。

また、例えば、同一法人で訪問介護と居宅介護支援を同時にやっていたり、あるいは様々な種類の介護施設を同一法人が持っていて、高齢者の要介護度の進行に応じて、施設間を移していく方が、生産性が高まることも知られている。これらは「範囲の利益」と呼ばれる現象である。

介護産業はもう少し合併・統合による業界再編を進め、規模の利益や範囲の利益を追求するようにすれば、労働生産性が高められる。その分、労働者が少なくてもサービス水準を維持できるようになるから、これが第三番目の労働力不足対策である。通常、官主導の業界再編は様々な利害が絡んで進まないものだが、今回のコロナ禍の経営危機は事態の改善を進める千載一遇のチャンスであろう。厚生労働省は経営支援策の一環として、合併や統合に対する助成制度を用意してはどうだろうか。

稼働率向上で労働生産性アップ

第四の方策は「稼働率」の上昇である。訪問介護などの居宅介護サービスでは、実際にはヘルパーたちの待ち時間が長く、稼働率が低いという問題がある。つまり、朝昼夜の食事時間に利用者が集中するので、それ以外の時間は意外に暇なのである。

この特徴を捉えて、労働生産性を引き上げる方法が二つある。一つは、料金設定を工夫して、利用者のピーク時間を分散することである。通勤混雑対策や電力改革で議論されているように、一種の「ピークロード・プライシング」を導入し、ピーク時の介護料金を高くして、オフピーク時の介護料金を下げるのである。

例えば、12時から13時の食事時に訪問介護の利用が集中する場合を考えよう。事業所のヘルパー数は限られているから、このピークの1時間に対応できる能力は限られてしまうし、前後の時間は利用されず無駄である。

ここで例えば、12時から13時は2割増しの料金にする一方、10時半から12時や13時から14時半の時間帯は2割引きの料金に設定するとしよう。要介護者の中には、それならば時間をずらして食事をするという人が相当出てくるはずである。すると、事業所のヘルパーは10時半から14時半までの4時間に分散できるようになるから、稼働率を一気に増すことができる。時間帯だけではなく、曜日や年末年始、長期休暇などにも、このピークロード・プライシングは導入可能である。これにより、需要の分散が図られ、ピーク時以外の利用者が増えるため、労働生産性が高まることが期待できる。ただ、この料金設定の柔軟化も一種の混合介護であるから、厚生労働省による規制緩和が必要となる。

短時間労働者を増やす

もう一つは、ピーク時の供給能力を高めるために、ピーク時だけに働くことができる短時間労働者を増やすことである。具体的には、専業主婦や高齢者、あるいは各種専門学校生や大学生の中から、短時間であれば就業可能な層をさらに掘り起こし、登録ヘルパーとしての活用を図る。学生などは、コロナ禍でアルバイトがなくなり、学費が払えず困っている者も多い。その対策費として、国がヘルパー研修（介護職員初任者研修）を受講する費用ぐらい出しても良いだろう。もちろん、先に挙げた失業者の公共職業訓練や、求職者支援制度の職業訓練でも、介護資格の取得や介護分野への就職を大いに勧める。賃金は良くないかもしれないが、求人数は大変多い。休業者の副業先に短時間の介護を勧めても良い。

また、既に登録ヘルパーなどとして就業している労働者も、103万円の壁、130万円の壁と呼ばれる配偶者控除や社会保険料の制約のために、年度途中で就業調整に入る場合が多い。これらの壁を取り払うことにより、登録ヘルパーの労働供給はかなり増加すると考えられる。

家族介護への現金給付

第五に、介護労働の担い手を直接的に増やす手段として、「家族介護への現金給付」も有効である。言わば、家族にヘルパー役を担ってもらうのである。

そもそも家族介護を社会化することが介護保険導入の目的であったことを考えると、これは一見、矛盾した対策のように思えるかもしれない。しかしながら、実際には、現在も（無給の）家族介護は広範に行われている。既に述べたように、コロナ禍を機に、家族介護中心に戻ってしまった要介護世帯も多い。

実はドイツや韓国の介護保険制度では、家族介護も介護保険サービスの重要な担い手と位置付け、現金給付を既に行っている。要介護者のいる家族は、自分たちで介護を行って収入を得るか、外部のヘルパーや介護施設のサービスを利用するかを選択する。あくまで「選択」として自ら進んで家族介護を行うところがポイントで、介護保険開始前に行われていた選択余地の無い家族介護とは異なる。

実は、介護保険導入前の制度設計の段階では、厚生労働省の審議会などで、家族への現金給付は盛んに議論されていた。しかし、一部の委員から、現金給付を行うと女性による家族介護が固定されるという懸念が出されたことや、介護サービス事業者らが現金給付によって需要が縮小することを懸念したこと、設立当初の予算規模をできるだけ抑えたいと考える行政の意図などがあり、最終的に見送りとなってしまった。

現金給付は介護保険財政にもプラス

家族の現金給付を認めなかったことにより、要介護世帯には介護保険サービスに過度に頼るインセンティブが付いてしまった。つまり、家族の立場で考えると、家族介護を選んだ場合には就業できないという意味で高い費用を払わなければならないが、介護保険サービスを利用すれば1割負担と大変費用が安い（要介護者が払うのであれば家族は無料である）。したがって、たとえ家族介護が可能で、そうしたい気持ちがあっても、介護保険を使う方が圧倒的に安上がりなので、介護保険サービスを過度に利用するのである。

しかし、家族介護への現金給付を行えば、そこから家族は労働収入が得られるようになるので、家族介護を選ぶ世帯も増えるだろう。家族の働き先が、他の産業から介護産業に移ったと考えれば良い。今よりも家族の介護サービス供給量が増えれば、その分、介護産業のヘルパーや介護職員の労働力不足を改善できる。

ただ、家族は介護サービスのプロではないから、その分、現金給付の料金は低くすべきである。例えば、ドイツの場合、現金給付はヘルパー料金の6割程度の価格に設定されている。ドイツでは、この6割の価格でも、要介護世帯の約60%が家族介護を選択しており、現金給付が介護保険の財政費用を節約しているとの見方もある。日本でも家族介護への現金給付を認めた方が、トータルの介護費用が安く抑えられ、介護保険財政を改善する可能性が高いという指摘がある。[8]

実は、今回のコロナ禍は家族介護への現金給付を認める大きなチャンスである。居宅介護サービスや通所介護サービスが利用できなくなり、仕事を休職・退職して、家族介護を行わ

8 チャールズ・ユウジ・ホリオカ「介護保険　現金給付導入を」日本経済新聞2008年3月13日朝刊・経済教室欄

ざるを得なくなった人々が数多く発生している。そうした人々への経済支援策として、まずは一定の介護給付金を支給し、徐々に介護技術を身につけてもらうなどして、家族への現金給付の仕組みに移行すれば良い。これから増えそうな介護による貧困化、介護破産などへの対策にもなる。

高齢者の地方移住

第六に、地域間の需給ミスマッチの解消も、介護労働力不足対策として役立つ。実は、介護労働力不足が深刻化する程度は、全国一律ではない。図表5－1にみるように、都市部では高齢者数が激増する一方、地方では早くも減少に転じている県がある。今後、都市部、特に東京都で生じる介護労働力不足、介護施設不足は壮絶さを極める。他方、地方は今いる介護労働者、介護施設がだんだんと不要になってゆく。そうなると、地方の介護労働者の一部は若手を中心に都市部に移るかもしれないが、地方に残って離職する人々も多いだろう。つまり、地域間のミスマッチ拡大が、日本全体の介護労働力不足に拍車をかけるのである。

このための対策は、都市部にいる高齢者に地方への移住を促すことである。特に地方出身者が多く、人口数も多い「団塊の世代」が一大チャンスであり、里帰りを自ら希望する人々

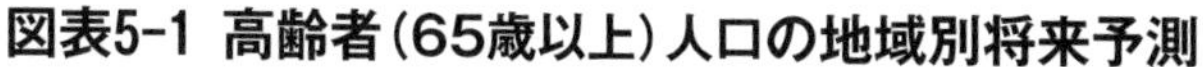

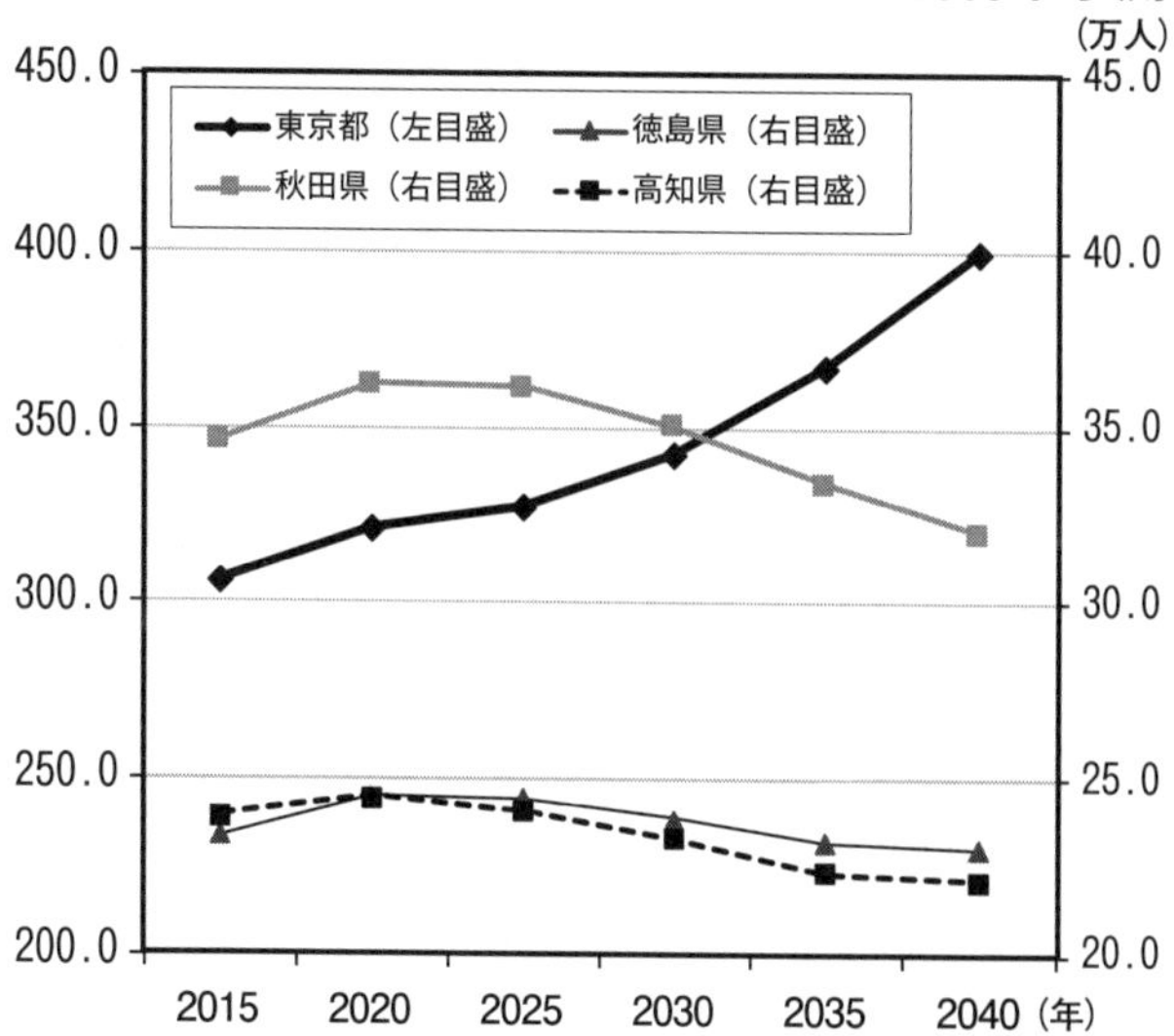

出典）国立社会保障・人口問題研究所「日本の地域別将来推計人口（平成30(2018）年3月推計)」、2015年は総務省「国勢調査」

に元気なうちに地方移住してもらう。地方への人口流入が進むほか、彼らの医療・介護需要によって、地方の雇用が将来にわたって維持できる。これは極めて現実的かつ有効な地方創生策でもある。地価の高い都市部で介護施設の整備を行うより、はるかに安上がりで財政も節約できる。

唯一のネックは、現行の介護保険制度が移住を妨げている点であり、具体的に都市部の高齢者が移ると地方の介護保険料が上がってしまう問題がある。医療保険も同様である。しかし、移住元の都市部が費用負担を行う「住所地特例」を拡大できれば、この障害が取り除かれる。実は、図表５－１に示した徳島県、高知県、秋田県は、以前、実際に住所地特例の規制緩和による移住促進を国家戦略特区に提案していたが、厚生労働省の猛抵抗に遭ってとん挫した。ここにも岩盤規制があったのである。

しかし、既に第１章で説明したように、新型コロナウイルスの感染率が高い都市部から、地方に高齢者が移動することは、感染症対策という意味でも勧められる。実際、ちょっとした補助を行えば、自ら進んで地方に移る高齢者も多いものと思われる。コロナ禍はこのような政策を進める意味でも大チャンスなのである。第１章で提案した「Ｇｏ　Ｔｏ　観光疎開」をきっかけに、まずはお試しの短期移住からスタートしてはどうだろうか。

第6章 デフレで終了する「年金100年安心」

年金財政に対する政府の危機感の無さ

一見、コロナ禍とはあまり関係が無さそうな年金制度であるが、実は状況の深刻さは他の分野に勝るとも劣らない。コロナショックで労働者数と賃金の両方が減少すれば、年金の保険料収入はその相乗効果で減少する。また、後で詳しく説明するように、経済がデフレ基調に戻ってしまえば、計画されていた給付カットが実現不可能となる。これは、既にコロナ禍の前から悪化していた年金財政にとって、ダメ押しの一撃となる。

しかし、コロナ禍が年金財政に与える影響について、政府の危機感はあまりにも薄いのが現状である。例えば、コロナ禍が深刻であった2020年5月、6月にも、政府の社会保障政策の司令塔である「全世代型社会保障検討会議」が3回開かれているが、年金財政に関する議論は一切なかった。

また、年金財政を専門的に話し合う厚生労働省の審議会（社会保障審議会・年金数理部会）も2020年3月末に開催されているが、新型コロナウイルスの影響について議論した様子はない。さらに、政府は新型コロナウイルスが広がる前に作られた年金改革法案を、驚くべきことに3月にそのまま国会に提出した。国会でもコロナショックの影響についての議論はほぼ皆無であり、法案内容にほとんど修正が行われないまま、5月末にひっそりと通過している。

「年金100年安心」への異常な固執

一連の動きをみると、どうやら政府は、コロナショックで年金財政がどうなるかという議論を行いたくないようである。議論をしたり、財政のチェックを行わないということは、コロナ禍の中でも、依然として「年金100年安心」が保たれているということになる。100年安心の金看板をかけ替えずに済むのである。

考えてみれば、政府はリーマンショックの時にも、東日本大震災の時にも、経済ショックが年金財政に与える影響について、決して議論をしようとはしなかった。この１００年安心に対する政府の異常な固執ぶりは、最近起きた「老後資金２０００万円問題」からもよくわかる。

「老後資金２０００万円問題」とは、２０１９年に金融庁が公表した報告書の中で、高齢の夫婦が３０年間生活するための原資として、厚生年金以外に２０００万円程度の老後資産が必要と指摘したことを巡って、「老後の備えは年金だけでは不足すると政府が認めた！」、「年金１００年安心は嘘だった！」などとして、主にネット世論が炎上した事件である。この時、政府はその報告書の受け取りを拒否してまで、「年金１００年安心」への疑念を払拭（ふっしょく）しようとした。

そもそも「年金１００年安心」とは何なのだろうか。そして、１００年安心は本当に信用できる話なのか。なぜ、政府はそこまで固執するのか。まずは、年金１００年安心プランの起源にさかのぼって、詳しくみてゆこう。

小泉政権が生みの親

そもそも「年金１００年安心プラン」という言葉を、政府・与党が使い始めたのは、今は

図表6-1 年金100年安心プランの骨子

1. 将来にわたって保険料を引き上げ続けることを止める
2. 約20年間で、2割程度の年金カット
3. 基礎年金への税金投入の増額
4. 積立金の早期取り崩し

昔の２００４年のことである。当時の首相は、「構造改革なくして経済成長なし」の小泉改革で知られる小泉純一郎氏である。実は、年金についても、近年まれにみる大改革を行った。その目玉はズバリ、「年金額の大幅カット」である。高齢者の年金額を20年程度かけて約２割カットすることによって、現役層の保険料負担が重くなりすぎることを防ごうとした。そして、当時少なくなっていた積立金を再び積み増して、概ね１００年先まで今の年金制度が維持できるように、財政立て直しを行った。

具体的に、この２００４年改革の柱は、（１）将来にわたって保険料を引き上げ続けることを止める、（２）約20年間で、２割程度の年金カット、（３）基礎年金への税金投入の増額、（４）積立金の早期取り崩しの４項目である。ちなみに、この４本柱を専門用語を使って説明すると、それぞれ、（１）保険料水準固定方式の導入、（２）マクロ経済スライドの導入、（３）基礎年金国庫負担割合の１／３から１／２への引き上げ、（４）無限均衡方式

から有限均衡方式への変更となる。

想定外の悪化を続ける年金財政

この２００４年改革以前、年金改革は概ね５年に１度のサイクルで行われてきた。まず、「財政検証」（２００４年以前の名称は「財政再計算」）という、年金財政の「健康診断」を行い、そこで長期的に年金財政が維持できないことがわかると、直ちに年金改革を行って、財政を立て直さなければならない仕組みとなっていた。

本来、健康診断の結果は良かったり、悪かったりと両面あるはずであるが、これまでの健康診断は不思議と悪い結果ばかりであった。それは、政府が年金改革を終えて、中長期的な財政計画を立てる際、将来の経済状況や少子高齢化の状況について、希望的観測でバラ色のシナリオを描いてしまうからである。痛みを伴う年金改革法案を通した手前、すぐに次の改革が必要になるとは、国民に対してとても言えないからである。

ところが、それから5年経過すると、５年前の希望的観測はだいたい外れる。少子高齢化は予想よりも進み、経済成長率も予想を下回る。金利は低く、運用利回りも低迷したままである。そこでまた「健康診断」を行うと、年金財政は維持不可能という結果となり、またもや大きな年金改革が必要となる。そこで、マスコミや野党の非難ごうごうの中、政府・厚生労働省は平身低頭し、次の年金改革を実施する。２００４年までの年金改革の歴史は、概ねその繰り返しであった。

保険料引き上げは限界に

一般的に、年金改革の手段としては、（1）現役層が負担する保険料の引き上げと、（2）高齢者の年金カットの二つがあるが、２００４年改革までは、概ね前者の保険料引き上げが選ばれてきた。投票率が高く、高齢化によって人口が増えている高齢の有権者を怒らせることは、政治家にとって大変な脅威である。一方、少子化によって人数が減り、投票率も低い現役層――特に若者は、「まだ遠い将来のことだから」と年金政策に対しても甘い。保険料引き上げという形で、現役層に負担が押しつけられるのは、「シルバー民主主義」の我が国ではあまりに当然の結果であった。

ここで、保険料引き上げという改革は、単に年金改革が行われた時点の保険料を引き上げることではなく、将来にわたる保険料の引き上げスケジュールの坂を、さらに急にすることを意味することに注意されたい。例えば、「現在10％の保険料率を10年後に15％、20年後に

20％、30年後に25％にする」ことがそもそも決まっていたとして、改革とはそのスケジュールをそれぞれ5％ずつ引き上げて、「現在10％の保険料率を10年後に20％（15％＋5％）、20年後に25％（20％＋5％）、30年後に30％（25％＋5％）にする」ことである。

このやり方だと、現役層の中でも人口の多い中高年は、高い保険料を払う期間が短く、あまり被害を受けないから反対せず、政治的にこなしやすい。一方で、現役層のうち、若者は将来にわたって高い保険料に直面するから、特に負担が重くなる。理不尽なのは、まだ投票権を持っていない子どもたちや、まだ生まれてもいない将来の日本人たちに、もっとも過酷な負担を強いることである。その意味で、２００４年改革までの年金改革は、若者や将来世代への負担押しつけとほぼ同義であった。

年金カットに舵を切る

しかしながら、この保険料引き上げ一辺倒の改革は、とうとう限界が来てしまった。厚生労働省の審議会（社会保障審議会・年金部会）が、これまで通りの方針で２００４年改革を行うと、保険料をどれぐらいまで引き上げなければならないか計算したところ、厚生年金の保険料率は２０３８年に25・９％となり、２００４年の13・58％のほぼ2倍になるという結果が出た。国民年金の保険料も、２０３１年度には2万９５００円と、２００４年の1万３３００円から2倍以上の引き上げである。

医療保険料や介護保険料、各種の税率も将来的に引き上げられてゆくことから、これでは国民所得の半分以上が税と社会保険料で徴収されることになり、国民の勤労意欲が著しく低下する。つまり、「バカバカしくて働いてられない」、「働いたら負け」という社会になってしまう懸念があった。さすがに、これではまずかろうということで、２００４年改革では保険料引き上げに上限を設けて将来にわたって固定し、それ以上、引き上げを行わないことにしたのである（厚生年金は２０１７年から18・３％で固定、国民年金は1万６９００円（２００４年価格）で固定）。

しかしながら、本来はもっと引き上げなければならない保険料のスケジュールを、上限を設けて固定し、実質的に引き下げたのだから、収支は大幅に悪化して年金財政が破綻してしまう。そこでまず考えられたのが、基礎年金への税金投入額を増やすという措置である。保険料を減らして税金を増やす（その財源は消費税引き上げで賄うこととされた）というのは、国民からみればどちらも財布の中から出て行くお金であることに違いは無く、同じことである。しかし、厚生労働省にとっては自分が管轄している保険料だけが問題であり、財務省が管轄している税金のことはあずかり知らないことである。縦割り社会の霞が関ではこのようなことがもっともらしく行われる。

マクロ経済スライドは給付カット

次は、現在ある積立金を早めに取り崩して、財源化するという措置である。しかしながら、それでも全く財源が足りないため、年金給付カットという大ナタが振るわれることになった。実は一つ前の１９９９年改革（法案通過が1年遅れたので２０００年改革とも言う）でも若干のカットが行われているのだが、２００４年改革では約２割もの大幅カットを断行することになった。この年金カットを政府は「マクロ経済スライド」と名付けた。

ちなみに、政府が年金カットに舵を切るという大きな決断を行った背景には、年金を巡る世代間不公平の是正が必要という判断もあった。すなわち、現役層や将来世代の保険料負担を軽減し、その分、現在の高齢者にも年金カットという形で負担を求めなければ、年金を巡る世代間不公平が大きくなりすぎ、若者や将来世代が年金制度を支持しなくなるという危機感があったのである。この問題意識の正しさや、政治的に大きな抵抗が予想される年金カットという決断を下したこと自体は、今でも高く評価できる。

年金カットも結局、負担先送り

だが、高齢者がこれほど大きな年金カットをそのまま受け入れるはずがないし、高齢の有権者を怒らせることは政治的に大変怖い。そこで、高齢者たちをなるべく刺激しないように（できれば何も気づかれないように）、様々な工夫を行った。実はその工夫の数々に、後々、足をすくわれることになるのである。

まず、この年金カットは非常に長い時間をかけて少しずつ行うこととされた。時間をかければ、1年あたりのカット幅を少なくすることができる。当初の計画では、2004年から2023年までの約20年間をかけ、1年ごとに約1％ずつカットすることになっていた。

ここで重要なことは、2004年時点で既に高齢者だった人は2割もカットされないということである。例えば寿命があと20年であれば、はじめの年の年金カットはわずか1％で、だんだんとカット幅が大きくなって、亡くなる直前にやっと2割カットとなる。つまり、平均的には半分の1割カットで済む。カット幅が最大となるのは、実は2023年以降の高齢者、つまり2004年時点で45歳以下の人々である。この人たちは年金受給開始から亡くなるまでずっと2割カットである。要するに、この年金カットの主な対象者は、またしても現役層や子ども、将来世代であり、保険料引き上げほどではないが、やはり彼らへの負担先送りという側面があることに変わりはない。

諸悪の根源はデフレ下のカット停止

さらに、後々大問題となるのは、物価上昇率がマイナスとなるデフレの年には、年金カットを行わないという条件を、マクロ経済スライドに付けてしまったことである。これは、高齢者たちに年金カットの事実を気づかれないための姑息(こそく)な知恵であると考えられる。

例えば、年間100万円（月8万円程度）の年金を受け取っている高齢者を考えてみよう。これまでの年金の仕組み（物価スライド）では、物価上昇率が1％であれば、翌年の年金額は1万円（100万円×1％）増えて101万円となる。これは一見、年金額が増えたようにみえるが、実際には物価が上昇して、物やサービスの値段も1万円分上がっているから、買える物の量は変わらない。

ここで、1％の年金カットが行われると、翌年の年金額は101万円−1万円で100万円のままとなる。この時、物やサービスの値段が前年よりも1％上昇しているから、買える物の量は1万円分減っており、年金は実質的にカットされていることになる。しかし、高齢者たちが、年金カットという事実に気づくかどうかは微妙である。去年も今年も年金額が100万円と変わらないので、気づかない高齢者も多いに違いない。

ところが、物価上昇率が0%の時に1%の年金カットをしたらどうなるか。翌年の年金額は99万円になってしまう。100万円の年金が99万円になれば、さすがの高齢者たちも全員、年金がカットされた事実に気づき、激怒するだろう。それを防ぐために、デフレの年には年金カットは行わない制度（物価上昇率の小さいディスインフレの年にはカット幅を小さくする制度）にしたのである。正確に言えば、名目の年金額が前年を下回らないという制約をかけたのである。

マクロ経済スライドは自動先送り装置

では、デフレで年金カットができなければどうなるのか。年金カットは翌年以降に先送りされ、20年間のカットの期間もそのまま後ずれすることになる。このことを、厚生労働省はマクロ経済スライドの「自動調整機能」と称している。デフレで計画が狂ったとしても、待っていればいずれはカットできるのだから問題ないという立場なのだが、実はこれは大間違いである。

年金カットの期間が後ずれすればするほど、現在の高齢者は年金カットから免れ、その先送りした負担は若者や将来世代に押しつけられることになる。さらに、デフレが長く続き、この年金カット期間の先送りが延々と繰り返されれば、年金財政がどんどん悪化して、いずれ行き詰まる。カットできる状況を待っているうちに、積立金が先に枯渇してしまう事態すらもあり得る。その意味で、マクロ経済スライドは自動調整ではなく、「自動先送り装置」と呼ぶべきである。

その後の日本経済の歩みについては、改めて説明するまでもないであろう。その後も長くデフレ経済が続き、ようやくにデフレを脱却するのは、2012年末から始まるアベノミクスを待たなければならなかった。しかしながら、2014年4月に消費税を5%から8%に引き上げたことを機に、再び経済および物価は低迷し、現在に至っている。したがって、2004年度から2020年度までの間で、マクロ経済スライドを発動させ、年金カットを実現できた年はわずか3年間（2015、2019、2020年度）にすぎない。発動できたカット幅も、2015年こそ0・9%であったが、2019年度は0・5%、2020年度はわずか0・1%である。

ここで不思議に思うことは、既に1999年から、物価上昇率はずっとマイナスであったことである。２００４年も完全にデフレ下にあったにもかかわらず、デフレ下では発動しないというルールを作ったのはなぜなのだろうか。その後、まさか10年近くもデフレが続くとは想像できなかったにせよ、しばらくデフレが続くことは容易に予想できたはずである。

現在の状況は過剰給付

いずれにせよ、この自動先送り制度のせいで年金制度に何が起きているのかと言えば、２００４年改革の肝であったはずの年金カットが全く進まず、高齢者への過剰給付が長年放置され、財政状況が刻一刻と悪化しているという現実である。図表６－２は、高齢者が受け取る年金の水準を、２００４年改革時当初の計画と実際の結果について比較したものである。

年金の給付水準は、「所得代替率」と言って現役層の所得に対する年金額の割合（正確には、65歳の高齢者が受け取る年金額が、現役男子のボーナスを含めた平均手取り収入額に占める割合）で計っている。

２００４年時点の年金額は、現役層の所得対比で約６割（59・３％）の水準であったが、マクロ経済スライドを使って２０２３年までに約５割（50・２％）に削減するというのが、１００年安心プラン（２００４年改革）の計画であった。ところが、現実にはどうなったか

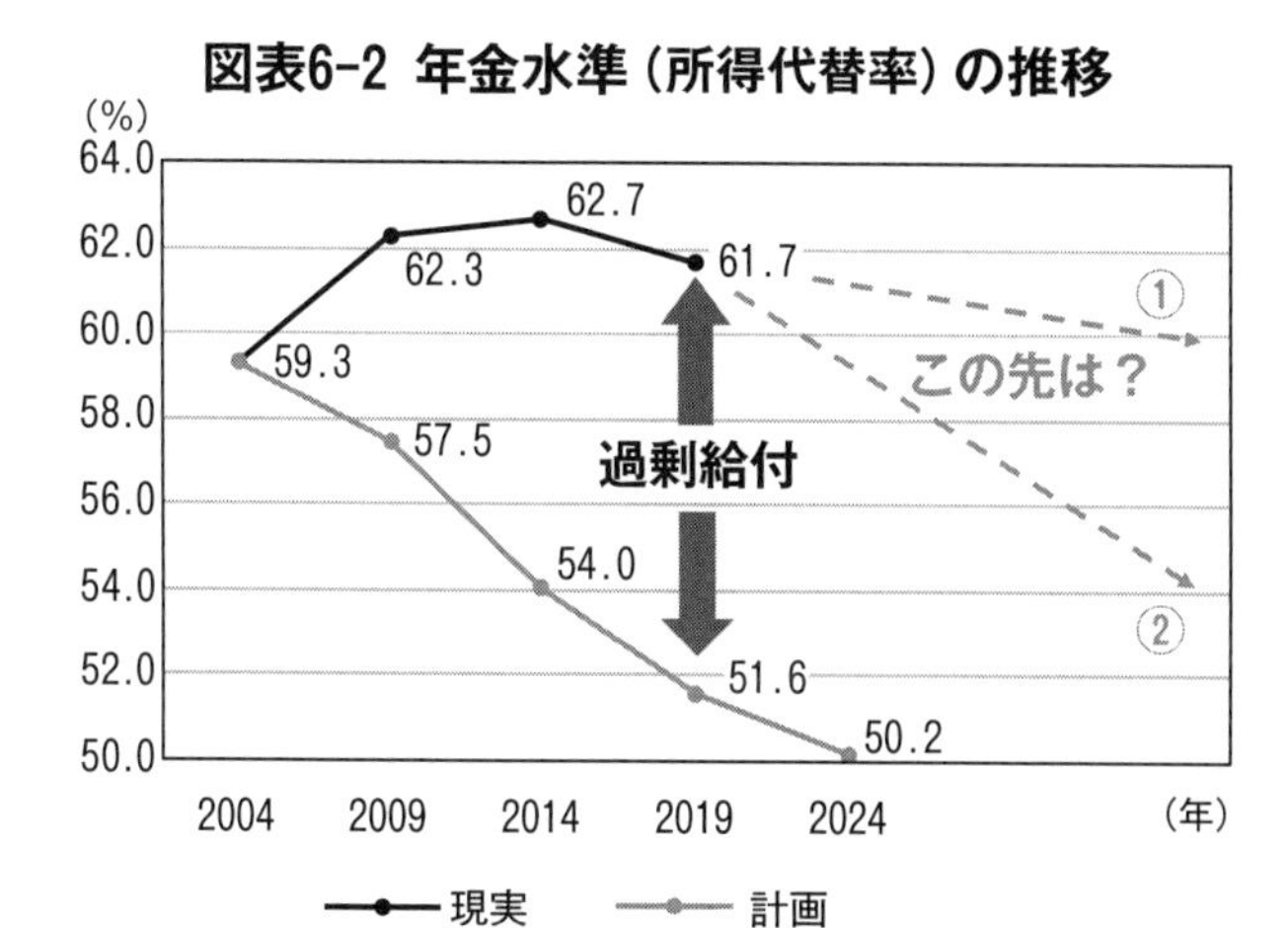

注）出典は、厚生労働省「2004年財政再計算結果」「財政検証（各年版）」。

と言えば、むしろ年金の水準は上がってしまっており、２０１９年においても61・7％と２００４年時点よりも高い水準になってしまった。つまり、この61・7％から２０１９年の計画である51・6％を差し引いた10％ポイントほどが現在の高齢者への年金の「過剰給付」となっている。その分、年金財政に予定外の支出を強いている。

忘れられた年金カット

しかも、さらに大きな問題は、２００４年改革で高齢者の年金カットを決断し、それを行わなければ年金財政が維持できなくなるという事実を、どうやら政治家や国民の多くが忘れてしまっていることである。

例えば、野党の中にはマクロ経済スライドが発動できる状況になると、「年金カットに反対！」として政治争点化しようとするところがあるが、マクロ経済スライドは今から15年以上前に決まった政策であり、毎年、カットすべきか否か、政府が裁量的に判断しているわけではない。もし、年金カットに反対するのであれば、その分、年金財政を悪化させないための対案を提示しなければならない。

実は、政府の中にいる社会保障の専門家たちでさえ、年金カットの必要性を本当に理解しているのかどうか怪しい面がある。例えば、先述の政府の「全世代型社会保障検討会議」であるが、２０１９年12月に発表された中間報告に、「少子高齢化が進む中でも、アベノミクスによる就業者の拡大によって厚生年金の加入者が５００万人増えた結果、将来の年金給付に係る所得代替率が改善した」という記述がある。マクロ経済スライドが発動できず、所得代替率が下げられないことを、むしろ誇っているかのようである。誇りに思ってどうするのだろうか。

第7章

コロナ禍の中でこっそり通った年金改革法案の謎

100年安心の呪縛

100年安心プランは、もともと保険料の引き上げに上限を設けて固定し、年金カットを行うという計画なのだから、カットできなければ収支の帳尻が合わず、年金財政が悪化する。当然、5年に1度の健康診断である財政検証で悪い結果が出ることは確実である。

しかし、そうなるとマスコミや野党は「年金100年安心プランは嘘だったのか!」と大騒ぎし、国民の不安と怒りをかき立てるだろう。政府・厚生労働省は、100年安心と大見得を切っている手前、その看板を下ろすことはダメージが大きい。そこで、厚生労働省が選

図表7-1 各年の財政検証で使われた経済前提

	2004年 (100年安心プラン)	2009年	2014年	2019年
積立金の運用利回り	3.2%	4.1%	4.2%	4.0%
賃金上昇率	2.1%	2.5%	2.5%	2.3%
物価上昇率	1.0%	1.0%	1.2%	1.2%
マクロ経済スライドの終了年	2023年	2038年	2043年	2047年

注）厚生労働省「2004年財政再計算結果」「財政検証（各年版）」。積立金の運用利回りと賃金上昇率は名目値。2014年、2019年の財政検証は複数のシナリオがあるため、その後の政策論議で主に参照されたシナリオ（2014年はケースE、2019年はケースⅢ）の経済前提を示している。

択したのは、財政検証で「粉飾決算」を使うという禁じ手であった。

図表7－1は、2004年改革（100年安心プラン）で使われた経済前提と、その後の財政検証で使われたものを比較している。経済前提というのは、財政検証で使われる経済変数の将来の想定値である。厚生労働省は、積立金の運用利回りや物価、賃金上昇率などの長期的な値を想定し、それらを使って積立金が100年後まで枯渇せず、年金制度が維持できるかどうかをチェックしている。

2004年の経済前提をみると、運用利回り3・2%、賃金上昇率2・1%、物価上昇率1・0%であるから、相当に希望的観測が入ったシナリオと言えよう。この時点で既にデフレが5年間続いていたことや、これらが100年先まで使われる長期的想定値であることを考えれば、本来はもっと控えめな値にすべきであったと思われる。

案の定、その後もデフレは続き、少子化も進んだ。そして、2008年秋からはリーマンショックが日本経済を襲い、その後の数年間、日本経済は低迷し続けることになる。当然、足下までの状況を反映するだけでも、年金財政は相当に悪化している。リーマンショックの影響でデフレがさらに続いて、年金カットが進まなくなることも容易に想像できる。本来ならば、リーマンショックを言い訳に、次の年金改革を用意する良い機会であった。

ところが、厚生労働省は2009年2月に行われた2009年財政検証において、何と、経済想定値を絶好調のシナリオに「改ざん」し、100年安心が保たれているという結論を出したのである。すなわち、積立金の運用利回りの想定を0・9％引き上げ、4・1％とした。たかが0・9％と思うなかれ。100年先の将来まで使われる経済前提である。100年近い複利計算で増えてゆくから、我々の想像を超える積立金の増加となり、デフレもリーマンショックも吹き飛ばし、「100年安心！」という結果になるのである。これはまさに「粉飾決算」と言うべき行為である。

嘘が次の嘘を生む

２００４年改革で使われた３・２％という想定値もいささか過大であったが、さすがに４・１％に「盛る」ことには無理がある。経済前提は１００年先までの想定値であるから、わずか５年で状況が変わるはずもなく、簡単に変えるべきものではない。しかし、２００９年の財政検証で「粉飾決算」を使ったことで、厚生労働省はこの後、ますます粉飾決算の深みにはまってゆく。

その後、リーマンショックの影響と民主党政権の経済無策で、経済が長く低迷した上、２０１１年３月には東日本大震災が起きた。年金財政はさらに悪化の一途を辿ったのだが、２０１４年の財政検証では運用利回りの想定値をさらに４・２％に引き上げ、１００年安心というおとぎ話を続けたのである。

そして、２０１９年の財政検証では、アベノミクスで経済や株価が持ち直したことを受けて、運用利回り想定を４・０％とやや下げることができたが、それでも、もともとの３・２％からみれば、依然として「盛りすぎ」の状態が続いている。

ちなみに、２０１４年、２０１９年の財政検証では、厚生労働省はそれぞれ複数のシナリオを提示しているため、図表７－１には、厚生労働省の審議会（社会保障審議会・年金部会）など、政府内の議論で主に使われたシナリオ（２０１４年はケースE、２０１９年はケースⅢ）の経済前提を示している。どちらも結論は、１００年安心が続いているというものである。

年金カット先送りは世代間不公平

ただ、注目すべきは、ここまで粉飾決算を続けても、年金カット（マクロ経済スライド）の終了年が大幅に延びていることである。２０１９年の財政検証では、何と２０４７年まで終了年が後ずれしている。これでは２００４年の年金受給者たちは、ほとんど年金カットを受けずに逃げ切ることになる。その代わりに大きくカットされるのは、将来の高齢者――つまり、今の現役層である。これでは、世代間不公平という面では、従来の保険料引き上げ政策と何ら変わらず、２００４年改革で年金カットに踏み切った意味がほぼ無くなってしまっている。

ところで、あまり知られていないが、２０１４年と２０１９年の財政検証で厚生労働省が示した複数シナリオの中には、厳しい結果の試算も含まれている。２０１４年の財政検証では八つのシナリオのうち三つ、２０１９年の財政検証では六つのうち三つが、20～30年の間に100年安心プランが崩壊するという結論になっている。

もっとも、100年安心プランが崩壊しても、年金制度自体が崩壊するわけではない。現在の100年安心プランには、実は終了規定がある。すなわち、100年間積立金を維持するために、年金カットを所得代替率50％を下回る水準まで実施せざるを得なくなった時、現行制度は終了することになっている。要は100年安心プランを止め、新たな年金改革を実施するということである。

厚生労働省がこのような厳しいシナリオを発表していることには、もっと注意が払われるべきである。これは、年金数理の専門家集団として、せめてもの意地を通したということなのかもしれない。つまり、自分たちは現実的な経済想定のシナリオも含めて公正な検証を行ったが、時の政権がその中から「100年安心」というシナリオを選んだのである（だから、自分たちには責任はない）と言いたいのかもしれない。

別シナリオに真実がある

その意味で、厚生労働省が示した100年安心プラン崩壊のシナリオの中にこそ、真実があると言うべきである。具体的に、最新の2019年財政検証の結果をみてみよう。

図表7-2 2019年財政検証結果とその経済前提

	ケースⅠ	ケースⅡ	ケースⅢ	ケースⅣ	ケースⅤ	ケースⅥ
積立金の運用利回り	5.0%	4.5%	4.0%	3.2%	2.8%	1.3%
賃金上昇率	3.6%	3.0%	2.3%	2.1%	1.6%	0.9%
物価上昇率	2.0%	1.6%	1.2%	1.1%	0.8%	0.5%
結論	100年安心	100年安心	100年安心	2044年で終了	2043年で終了	2043年で終了
100年安心にするためのカット幅（所得代替率）	−	−	−	46.5%までカット（2053年終了）	44.5%までカット（2058年終了）	無し（2052年積立金枯渇後、36%〜38%までカット）

注）2019年の財政検証結果より。積立金の運用利回りと賃金上昇率は名目値。100年安心にするためのカット幅は、所得代替率が50%を下回ってもカットを続ける前提で、所得代替率がどこまで低くなるかという値。括弧内はマクロ経済スライドの終了年。ケースⅥは2052年に積立金が枯渇し、その後、完全賦課方式で運営する場合。

図表７－２をみると、六つのシナリオのうち、ケースⅠからⅢはお約束通り「１００年安心」という結論だが、ケースⅣからⅥは今後20年強で現行制度終了という結論になっている。

ちなみに、１００年安心シナリオの積立金の運用利回りをみると（表の一番上の行）、ケースⅠは５・０％、ケースⅡは４・５％、ケースⅢは４・０％であるから、一体どこの国の話なのかというほどあからさまな「粉飾決算」である（ケースⅠからⅢまでを並べると、ケースⅢの４・０％が比較的まともにみえるから不思議である)。

やはり、現実的なのは網掛けをしたケースⅣからⅥである。ケースⅣの経済想定は2004年改革当時の経済想定に酷似しているから、100年安心プランの健康診断として、まずみるべきシナリオはこれである。ただ、2004年以降の潜在成長率の低下を考えれば、むしろケースⅤの方が基本シナリオとしてふさわしい。

今までできなかったことが急にできるか

もっとも、ケースⅣもケースⅤも、今となってはもはや致命的な問題がある。それは、どちらもマクロ経済スライドによる年金カットがきちんと進むシナリオになっていることである。ここで、もう一度、前章の図表6-2(157ページ)をみてみよう。マクロ経済スライドが進むというシナリオは、この先、②の点線の矢印のように年金がカットされてゆくことを意味している。これは現実的であろうか。

2004年から2019年まで、一度も所得代替率を下げられた試しがないのである。これまでできなかったことが、なぜ今後、急にできるようになると想定できるのか。しかも、コロナ禍によって、当分の間、日本経済はデフレ基調で進むものと考えられる。この段階に至っては、①の矢印のように給付カットが進まないシナリオを想定する方が現実的であろう。

そうなると、実はケースⅥのワーストシナリオが一番、実現可能性が高いと思われる。ケースⅥの場合、たとえ所得代替率50％を超えて年金カットを続けても、もはや１００年先まで積立金を維持できない。厚生労働省は、２０５２年に積立金が枯渇し、その後は、完全賦課方式に移行せざるを得ないというのである。

完全賦課方式とは、現役層から徴収できる保険料の範囲内に高齢者の年金給付を絞るということであり、その時の所得代替率は36～38％になると試算されている。つまり、現在の年金額の半分強までカットする大ナタを振るうことになる。先送りのツケを一気に支払わされるのは２０５２年以降の高齢者たち、つまり、今の現役層や若者、将来世代である。

１１１０兆円の年金純債務

実は、マクロ経済スライドによる年金カットが進まず、その結果として膨大な負担が若者や将来世代に押しつけられていることは、財政検証の別の資料からも確認できる。毎回の財政検証資料には、厚生労働省によって計算された「公的年金のバランスシート」が掲載されている。年金会計のバランスシートは、企業のバランスシート（貸借対照表）と同様、左側に資産、右側に負債が分類された表で、必ず左右の金額が一致するように作られている。

年金にとって資産とは、国民から徴収する保険料と税金（国庫負担）、そして積立金（運用収入を含む）である。一方、負債とは、これから国民に支払う年金の総額であり、これまで支払った保険料に対応する年金給付（過去債務）と、これから支払う保険料に対応した年金給付（将来債務）の二つに分けることができる。まとめると、「保険料＋国庫負担＋積立金＝過去債務＋将来債務」である。

この式を少し変形すると、「過去債務（１３２０兆円）－（マイナス）積立金（２１０兆円）＝保険料（１６７０兆円）＋国庫負担（５２０兆円）－将来債務（１０８０兆円）」となる。括弧内の金額は厚生労働省が計算しているもので、２０１９年の財政検証（ケースⅢ、厚生年金と国民年金の合計）から抜き出している。

ここで、左辺の「過去債務－積立金」を年金の専門用語で「年金純債務」と呼ぶ。年金純債務とは、「現在の高齢者たちに、これから彼らが死ぬまでの間、国が支払う予定の年金総額」から、「その支払い原資として過去に彼らから徴収してきた保険料の総額」を差し引いた値である。要するに現在の高齢者の「もらい得」（保険料支払い額よりも年金の受取額の方が多い分）の金額である。その金額は現在、1110兆円（1320兆円－210兆円）にも上っている。

一方、右辺の「保険料＋国庫負担－将来債務」は「将来純負担」と呼ばれる。これは、「現在の現役層および将来世代がこれから支払う保険料と税金（国庫負担）」から、「彼らが将来に受け取る予定の年金総額」を差し引いた値であり、要するに現在の現役層および将来世代の「支払い損」の金額となる。左辺と右辺は等しいから、これも1110兆円（1670兆円＋520兆円－1080兆円）である。

財政検証のたびに膨張する債務

つまり、この年金バランスシートが言わんとしていることは、現在の高齢者の「もらい得」は、必ず現役層および将来世代の「支払い損」になるということである。現在の高齢者のツケである1110兆円の債務を、現役層と将来世代がこれから必ず負わされることになる。

そして、重要なことは、この1110兆円という年金純債務額は、現在の政府債務とは別に存在することである。既に第2章でみたように、2020年度末に「国及び地方の長期債

図表7-3 年金純債務額の推移（厚生年金＋国民年金）

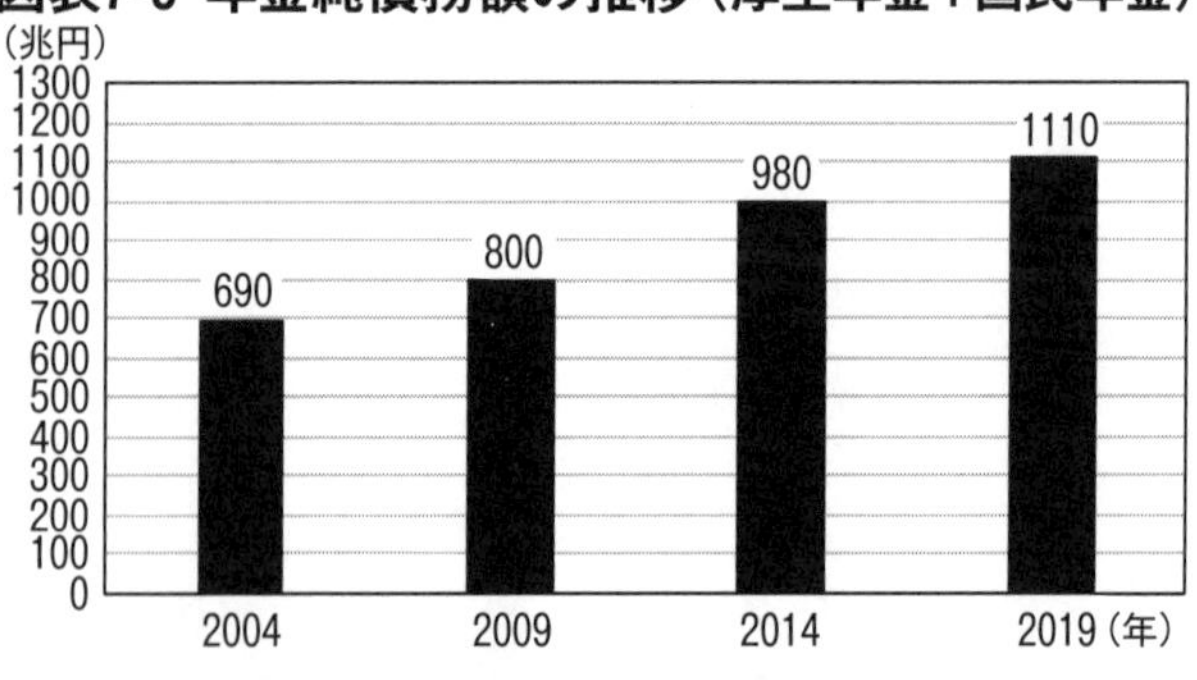

注）厚生労働省「2004年財政再計算結果」「財政検証（各年版）」。2014年以降の厚生年金は共済年金を含むベース。

務残高」は１１８２兆円になると見込まれているが、それとは別に、その債務額に匹敵する年金純債務額を日本国民は背負わされているのである。

さらにゆゆしき問題は、この年金純債務額が財政検証のたびに膨張しているという事実である。図表７－３は各年の財政検証資料から年金純債務額を計算し、その推移を示したものである。２０１４年以降は共済年金分が加わっているため単純に比較できないが、その分を差し引いても、財政検証のたびに金額が膨張している事実は変わらない。

なぜ、このように年金純債務額が膨張し続けているのか。その理由はもちろん、マクロ経済スライドによる年金カットが予定通り進まず、財政検証のたびに先送りされているからである。今後、コロナ禍で経済がデフレ基調に戻り、年金カットがさらに先送りされることが予想される。１１１０兆円を超えてさらに年金純債務が膨らみ、現在の現役層および将来世代に、ますます大きな負担が押し掛かることになるだろう。

年金カットの先送りが、年金純債務の膨張を生み出しているという意味で、これは不良債権問題と同じ構造といえる。先送りすればするほど傷が深まり、将来の改革が大きな痛みを伴うものになる。

コロナ禍の中、こっそり通った年金改革法案

こうした中、政府はこの状況にどのように対処しようとしているのだろうか。特に今回のコロナ禍を受け、何らかの対応を行っているのであろうか。

既に前章で少し触れたように、全国の小中高校が臨時休校に入った翌日（２０２０年３月３日）、早くも政府は年金改革法案を閣議決定した。そして、感染症の第一波が広がり、緊急事態宣言が発令される中、国会内での議論が粛々と進み、5月29日に国会を通過した。誠に驚くべき対応の早さだと思ったら大間違いである。実態は、新型コロナウイルスなど影も形もなかった前年に用意されていた法案を、コロナ禍にもかかわらずほとんど修正・変更せず、しかもコロナ禍への対応で年金の議論どころではない状況下で、しれっと通したという

図表7-4 2020年の年金改革法案の骨子

1. パート労働者への厚生年金適用範囲の段階的拡大
2. 年金受給の繰り下げ時期の限度を70歳から75歳に変更
3. 60～64歳の在職老齢年金の基準額引き上げ

ことである。

では、その中身はどのようなものなのであろうか。驚くべきことに、「中身がスカスカでほとんど見るべきものがない」と言うのがこの法案の最大の特徴である。この法案の骨子を見てみよう(図表7－4)。

既に2016年から、従業員数501人以上の大企業については、一定時間以上働くパート労働者も厚生年金に加入しなければならないことになっているが、今回、これを2024年までに従業員51人以上の企業にまで広げることになった。もっとも、これで加入が拡大する人数はわずか65万人と見込まれており、厚生年金の全加入者(4428万人)の1・5%にすぎない。パート労働者の賃金は正社員より低いので保険料収入もあまり多くは見込めない。また、将来、年金受給者になれば、厚生年金に加入した分、彼らに多くの年金を支払わなければならない。これらのことを考え合わせると、中長期的に年金財政に与える影響はほとんど無いと言って良いであろう。

法案の中身はスカスカ

第二に、年金受給の繰り下げ時期の上限が、70歳から75歳に変更されることになった。現在、年金の受給開始年齢は基本的に65歳であるが、月当たりの年金額が減る代わりに、もっと早くから年金を受け取れることはよく知られている（繰り上げ受給）。実はその反対に、受給開始年齢を65歳よりも遅くすることも可能で（繰り下げ受給）、その分、月当たりの年金額は増える。

現行制度では、遅らせる限度の年齢を70歳としているが、それを今回、75歳まで選択可能にするというのである。しかしながら、自分の寿命がいつ尽きるかわからない高齢者にとって、もらえる年金はなるべく早く受け取ろうとするのが自然な発想であり、現に繰り下げ受給を希望する高齢者の割合はわずか1・3％（2017年）にすぎない。統計がないのでこれ以上は細かくわからないが、繰り下げる年数も1、2年程度が多く、5年も繰り下げて70歳から年金を受け取ろうとする高齢者は極めてまれであろう。それを75歳まで選択できるようにしたところで果たして何の意味があるのか、極めて疑問である。

改革の対象者がいない

第三に、60～64歳の在職老齢年金の見直しが行われた。在職老齢年金というのは、年金受給者が働く場合、年金と賃金の合計が一定額（基準額）を超えると、年金額が減らされてゆく制度で、高齢者が働こうとする意欲を削ぐ効果がある。そこで、近年は減額が始まる基準額を引き上げる改革が行われており、65歳以上の高齢者については、既に47万円までは年金が減額されない制度となっている。一方、60歳から64歳についてはまだその基準額が28万円になっているので、２０２２年度から65歳以上に合わせて47万円にしましょうというのが今回の見直しである。

ところが、実は見直しの対象となる高齢者が非常に少ないという問題がある。つまり、年金の「支給開始年齢」（個々人の選択である「受給開始年齢」ではなく、全員の年金受給が開始される基本年齢）は現在、60歳から65歳に引き上げられている途上であり、男性は２０２５年度、女性は２０３０年度に完了する。２０２２年には男性の支給開始年齢は64歳、女性は62歳まで引き上げられているので、見直し対象者は少なく、いずれほとんどいなくなる。また、そもそもの問題として、この在職老齢年金の見直しは、支給する年金額を増やすものであるから、年金財政にとってはプラスにならない。

改革のアリバイ作りが目的

このように毒にも薬にもならないスカスカの年金改革法案は、コロナ禍の国会で、特に大きな議論もなく素通りをした。はじめから論点になるような内容が皆無なのだから、これは当然のことである。しかし、それならばなぜ、新型コロナ対策で忙しい国会で、急いでこの法案を通さなければならなかったのか。実は、この法案を通してしまえば、少なくとも次の財政検証がある2024年まで、年金改革を考えなくて良いことになるからである。

2004年の年金改革以降、マクロ経済スライドによる自動安定化装置ができたからとして、5年に1度の年金改革を必ずしも行わなくても良い制度となった。しかしながら、その後も財政検証を行うたびに、多少なりとも見直し程度のことは行ってきた。例えば、2009年財政検証の後の2012年、2014年財政検証の後の2016年に、今回と同様、毒にも薬にもならない年金改革法案が成立している。言わば、年金改革はだいたい5年に1度やるものというのが霞が関・永田町界隈の相場観となっている。

逆に言えば、どんな内容でも年金改革法案を5年に1度通しさえすれば、少なくともその後5年間は、年金改革をやれとは言われないというのが暗黙の了解である。今回、コロナ禍の中で、このスカスカの法案を通した最大の意味は、「改革のアリバイ作り」ということである。これにより、2024年の財政検証が出るまで、年金改革の議論はお休みとなってしまう。問題はそれで良いのかということである。

コロナ禍は方針転換の大チャンス

もちろん、良い訳がない。年金財政を立て直す抜本改革を先送りすればするほど、年金純債務が膨らみ続けることは既にみた通りである。最終的には、国民に大きな痛みを押しつける大改革となってしまう。早く「損切り」するのが良いのは明らかであるが、2007年の年金記録問題や2019年の老後資金2000万円問題からもわかる通り、年金問題は一度火がつくと、マスコミ、野党が大騒ぎを始め、必ず国民の間で大炎上する。政府はそれが怖いため、なかなか年金財政の現状を認めず、改革の機会を先送りし続けてしまう。

このような政府にとって、方針転換を決断できるタイミングは、自分たちの裁量が及ばない外的なショックに襲われた時である。これまでも日本政府は、外圧や他国からの脅威をうまく利用して、方針転換を図ることがあった。

その意味で、今回のコロナ禍は千載一遇のチャンスではないだろうか。コロナショックによる経済低迷とデフレ基調への逆戻りは、政府・厚生労働省のせいでないことは明らかであるから、100年安心の金看板を下ろしても、国民は誰も怒らない。今が、100年安心の呪縛を解く良い機会である。

このまま事態を放置して、2024年の財政検証を迎えれば、またも「粉飾決算」を駆使して、100年安心神話を維持しなければならなくなる。それは、国民だけではなく、政府や厚生労働省にとってもつらい道であるはずである。

100年安心の呪縛を絶つ

そのためにはどこから手をつけ、何をしなければならないのか。まずは、コロナショックを理由に財政検証をすぐにやり直すことである。幸いにも、今回の年金改革法案の附帯決議で、「コロナ禍の長期的影響を早期に検討開始し、それを踏まえて検証実施」することが盛り込まれている。国会に要求されているのだから、経済前提を大幅に見直し、財政検証をやり直す十分な大義名分が立つ。

その上で、マクロ経済スライドをデフレ下でも停止せず、フル稼働させる制度改正を行う。また、近年はマクロ経済スライドの幅が定義上小さくなっているし、これまで年金カットが遅れた分を取り返すためにも、年ごとのカット幅をより大きくする必要がある。

実は、マクロ経済スライドの手直しを行いたいという問題意識は、厚生労働省の中にもあるようだ。２０１６年の年金改革では、いろいろな改革方法が議論されたものの、結局、キャリーオーバー制度という中途半端な改革に落ち着いてしまった。これは、デフレでマクロ経済スライドが停止された場合、翌年にその分を繰り越して、２年分の年金カットを実施するというものである。

しかし、名目の年金額が前年を下回らないという制約があるために、キャリーオーバーはインフレ率が相当高くならないと発動できない。例えば、年金のカット幅が年間1％だとすると、翌年にキャリーオーバーして2年分の2％をカットしようとすれば、少なくともインフレ率は2％以上になる必要がある。前年がデフレなのに、1年で急に2％のインフレになることはまずあり得ないから、これは事実上、無意味な改革である。やはり、１００年安心という旗を揚げ続ける限り、「１００年安心なのに、なぜ、そのように大きな改革が必要なのだ」と追及されるから、政府は抜本改革を行うことができない。まさに、１００年安心の自縄自縛である。

支給開始年齢引き上げも必要

現在の年金財政状況の苦しさを考えると、マクロ経済スライドの改革に加えて、支給開始年齢の引き上げも実施しておく方がよいだろう。

現在は3年に1歳のペースで、60歳から65歳に支給開始年齢を引き上げている最中であり、既に述べたように、２０２５年度（女性は２０３０年度）に完了する。そこから、間髪を入れずに同じペースで引き上げ、アメリカやドイツ、フランス並みの67歳、あるいはイギリス並みの68歳にすべきである。日本はこれらの国々よりもはるかに平均寿命が長いことを考えれば、将来的に70歳に支給開始年齢を引き上げることも検討すべきである。

実は、これもコロナ禍の最中の２０２０年3月末であるが、「改正高年齢者雇用安定法」が成立し、将来的に70歳までの就業機会が確保されることになった。70歳までの就業機会が確保されるのであれば、論理的には、年金も70歳まで支給しなくて良いはずである。今こそ、年金支給開始年齢引き上げの議論をスタートさせる好機である。

第8章

消費税減税は実施可能

与野党が提案した消費税減税

コロナショックによって景気が急落する中、国民への現金給付と並んで、経済対策の目玉として提案が相次いだのが、消費税減税である。例えば、野党超党派議員の集まりである「消費税減税研究会」は2020年3月、消費税率を5％以下に引き下げることを提言し、経済状況によっては消費税ゼロも検討すべきとした。

また、与党である自民党も、若手議員連盟「日本の未来を考える勉強会」と保守系グループ「日本の尊厳と国益を護る会」がやはり3月末に消費税率を5％にすべきとし、消費税法を改正するまでの緊急措置として、消費税率８％までの即時減税を提言した。８％までの減税であれば軽減税率を全品目に適用することで、法改正を行わなくても実施可能だからである。

しかしながら、その後、現金給付は紆余曲折を経ながらも実現したが、消費税減税は日の目を見ることはなかった。今回、10万円の特別定額給付金に使われた予算額は約13兆円で、これは消費税５％分の税収と同規模であるから、１年間限定で５％の減税を行うことは予算的に十分可能であった。あるいは、問題の多いＧｏ Ｔｏトラベル（約１・７兆円）や使途のよくわからない地方創生臨時交付金の拡充（約３兆円）に多額の予算を付けたり、11・5兆円もの予備費を積んでいる余裕があるなら、給付金と消費税減税の両方を実施しても良かった。

しかし、消費税減税は政府・与党内に支持が広がらず、結局、実現しなかった。野党の中ですら、積極的に減税に賛成し続けた議員は少数派であったように思われる。その後、特別定額給付金を含む戦後最大の経済対策が決定し、その効果を見守る段階に入ったこともあり、減税論議は完全に下火となってしまった。

消費税減税は投資も刺激する

もちろん、公共投資のように全額が有効需要となる対策と比べれば、消費税減税の景気刺激効果は限定的である。しかし、給付金よりは、ずっと大きな経済効果が期待できる。アベノミクス下の2回の消費税増税で、あれほど大きく景気が急落したのである。逆のことを行えば、効果的な景気対策になることは明らかである。

特別定額給付金の効果が小さいことは、既に第2章で説明した。過去の経験に照らすと、大半は貯蓄に回ってしまうので、給付された10万円のうち実際に消費される分は4分の1程度にすぎない。今回のコロナショックの場合、不安心理で家計貯蓄率が特に上がっているようであるから、もっと消費に回る分は少ないかもしれない。

一方、消費税減税の場合でも、外で消費することが難しい点は同じであるが、給付金と決定的に異なるのは、パソコンや車などの耐久消費財、住宅投資、企業の設備投資などの投資行動を刺激することである。

5％もの減税が行われるとすると、高額の投資にとってはかなり大きなインパクトになる。例えば、テレワークやオンライン営業推進のため、1000万円の情報化投資をするべきかどうかを迷っている経営者にとって、５％減税は50万円もの値引きとなるから、大きな後押しとなるだろう。

アフターコロナの時代を見据えて、労働者たちの中にも、テレワークのために最新の情報機器を購入したり、郊外の広い住宅購入、自家用車の購入などを検討している人が多い。消費税減税は、彼らの肩もポンと押すことになる。

こうした投資は消費とは異なり、頻繁に行うものではない。少額の消費行動を何回も誘発する10万円給付金とは異なり、感染症リスクもそれほど問題にはならない。

期間限定の消費税減税は特に効果的

さらに、消費税減税が期間限定であることも大きな効果をもたらす。その期間内に購入しようと、大きな「駆け込み需要」が発生するからである。駆け込み需要の後は反動が起きるという問題があるが、景気が急落している現状では、翌年以降の消費・投資を先食いしてでも、景気の底割れを防ぎ、深い不況に沈み込まないようにすることが重要である。

あるいは、もう少し駆け込み需要を持続させたい場合には、減税期間を延長して、何回かに分けて税率引き上げを行う手がある。これは以前、経済学者の故マーティン・フェルドシユタイン教授（ハーバード大学）が提案していた方法であるが、例えば、減税期間を2年に延長し、翌年に8％に引き上げ、翌々年に10％に戻す。5％減税のチャンスを逃してしまった人は、2％の減税が行われているうちに決断しましょうという訳である。必要な財源はやや増えるが、駆け込み需要は翌年も一定規模が確保される。

したがって、景気対策としては、10万円の特別定額給付金より、期間限定の消費税減税の方が優れた対策であったと考えられる。やはり、給付金は生活困窮者に限定した対策にすべきであった。生活困窮者は給付金を貯蓄に回す余裕が無く、大半を消費するので、景気対策としても効果的である。

もっとも現在（2020年9月）も多額の予備費があるので、今後、景気が底割れして追加対策が必要となる場合には、消費税減税を是非、検討すべきである。実際、期間限定の消費税減税は、欧州各国などでは当たり前に行われている新型コロナ経済対策である。

例えば、イギリスは2020年7月から半年限定で、飲食や宿泊、娯楽などの業種に限って消費税率（付加価値税率）を20％から5％に大幅に引き下げている。ドイツも、やはり7月から半年間にわたって、ほとんどの品目に対する消費税率（付加価値税率）を19％から16％に引き下げた。

そのほか、ノルウェー、ベルギー、オーストリア、ブルガリア、チェコ、ギリシャ、リトアニアなども期間限定、品目限定の消費税減税を実施している他、イタリアやアイルランドが現在、消費税減税を検討している。こうした国々の消費税は一般財源なので、景気に応じて柔軟に上げ下げができるのである。欧州各国は、過去の不況でも、たびたび機動的な消費税減税を実施している。

消費税引き下げは不可能か

ところが、日本の場合には、消費税は社会保障目的の財源と位置付けられている。政府・財務省は、消費税収は全額、社会保障のために使っていると説明してきたし、消費税率を引き上げる際には必ず、「社会保障の改善・拡充に充てるため」と主張してきた。つまり、消費税と社会保障がまるで目的税として紐付いているかのように説明してきたのである。

もし、社会保障目的に全額使われているはずの消費税を、景気対策のため引き下げられるということであれば、消費税は一般財源ということになる。これは、これまでの説明と論理的に矛盾する。また、消費税収が社会保障に本当に紐付けられているのであれば、減税のためには社会保障費をカットしなければならないはずである。そうでなければ、今までの理屈が破綻する。

実際、筆者の知る限り、政治家やマスコミ関係者の中には、消費税減税は制度的に不可能だと考えている人が多い。また、たとえ可能であったとしても、このコロナ禍の中で、社会保障費カットは現実的ではないとして、消費税減税に消極的に反対している人も多い。こうしたことが、今回の新型コロナ経済対策を作るに当たって、減税の賛同者があまり広がらなかった背景だと思われる。

消費税は社会保障目的税ではない

しかし、実は消費税は社会保障に紐付けられていないし、社会保障以外の財源にも事実上使われている。つまり、景気対策などにも用いることができる事実上の一般財源である。また、消費税を減税しても、社会保障費をカットする必要はない。つまり、政治家やマスコミ関係者の多くは、制度を誤解して（させられて）いるのである。詳しくみていこう。

まず第一に、消費税は法律上、社会保障に厳密に紐付けられていない。「紐付け」という言葉は、制度的には特定財源に対する「目的税」を意味する。その多くが特別会計を使っていることからもわかるように、目的税とは入口と出口の両方を縛るということである。つまり、社会保障費が不足すれば税率を上げるか、社会保障水準のカットをしなければならない。逆に、消費税収が社会保障費を上回れば、税率を下げることになる。

ところが、消費税法には、第1条に「消費税の収入については、地方交付税法に定めるところによるほか、毎年度、制度として確立された年金、医療及び介護の社会保障給付並びに少子化に対処するための施策に要する経費に充てるものとする」と書かれているだけで、不足したり余ったりした場合の規定が何もない。これでは制度的に紐付いておらず、目的税と呼ぶことはできない。

実際、消費税を福祉目的税化すべき、あるいは社会保障目的税化すべきという議論は過去、再三にわたって行われてきた。例えば、２００５年には自民党政務調査会の財政改革研究会が消費税の社会保障目的税化を提言している。逆に言えば、現行の消費税は目的税ではないということである。

また、現実問題としても、２０１７年10月の衆議院選挙では、消費税引き上げ分の使途として、これまで消費税法に規定されていない「教育無償化」が公約となり、その後、実際に教育無償化に消費税収が使われている。大学無償化にまで使途が拡大解釈できるのであれば、景気対策として、所得が減少した国民に対する減税も十分に社会保障の範囲である。

消費税は社会保障以外にも使われている

第二に、実際問題として、消費税収は社会保障以外の使途に使われている。この仕組みは少しややこしいが、図表8－1を使って説明しよう。

図表の一番左の図は、消費税の税収が本来充てられることになっている一般会計の社会保障費を表している。2019年度の当初予算ベースで34・1兆円あるが、消費税収の見込みは19・3兆円であるから（白色部分）、14・8兆円は他の財源として、所得税や法人税、国の借金などで埋めているのが現状である（灰色部分）。

ここで、消費税増税によって税収が増えるとどうなるのだろうか。真ん中の図をみると、社会保障費自体も拡大されて大きくなっているが、それを上回る消費税収（白色部分）がもたらされている。このため、もともと投入していた他の財源分（灰色部分）の一部は消費税に押し出される形で余ることになる。そして、この余った財源は、借金返済や公共投資など、別の使途に使うことができる。つまり、消費税収の増加分を事実上、社会保障以外の使途に使うことが可能なのである。金に色はついていないし、消費税は厳密な意味での目的税ではないので、このような使い方ができてしまう。

図表8-1 消費税収と社会保障費の関係

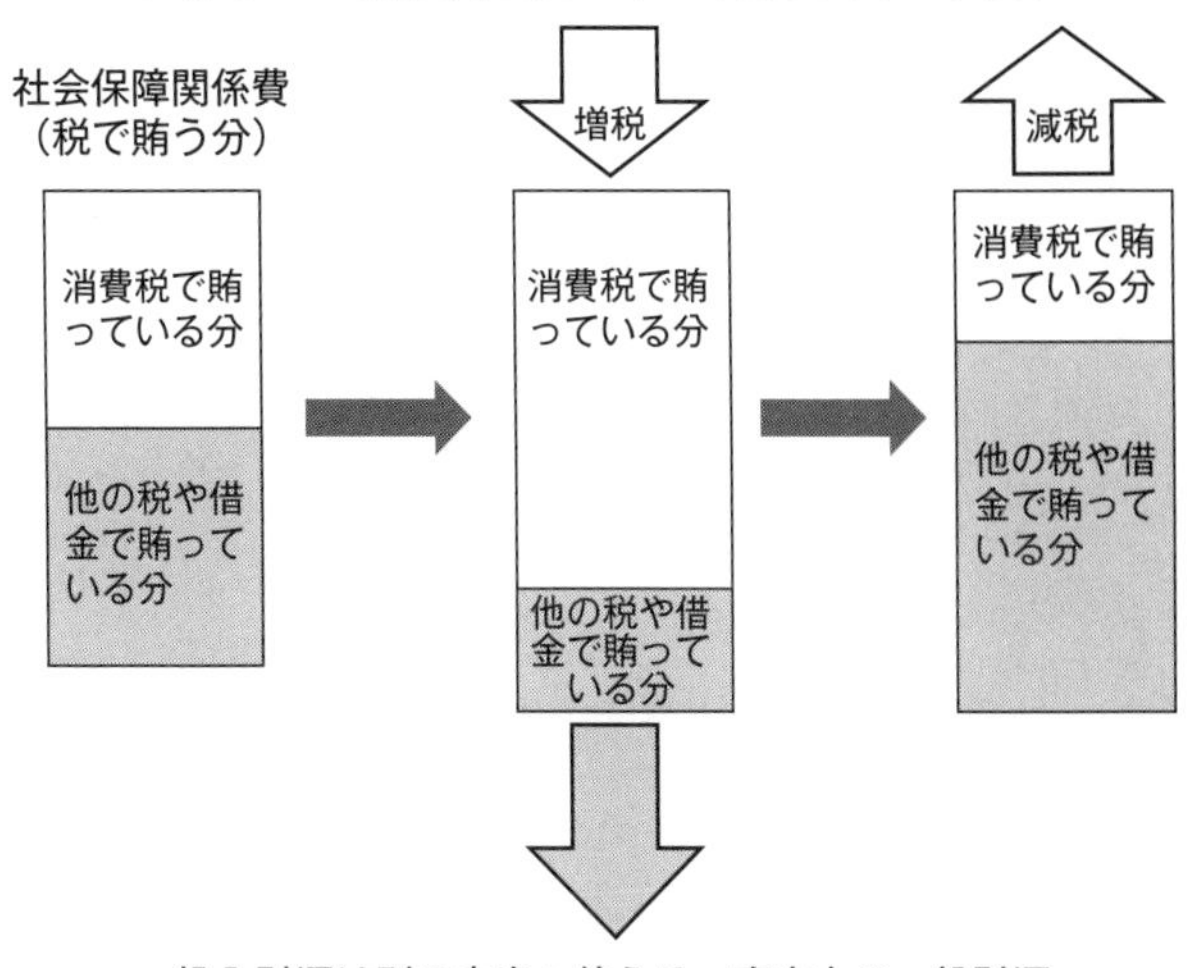

実際、２０１９年10月に消費税率を８％から10％に引き上げたので、２０２０年度当初予算ベースの消費税収の見込み額は21・７兆円と２・４兆円も増えている。一方で、２０２０年度の当初予算ベースの社会保障費も幼児教育無償化などへの拡大で35・８兆円と１・７兆円増えているが、差し引き０・７兆円（２・４兆円－１・７兆円）は他の使途に使われている。２０１４年４月の消費税引き上げの際にも、同じようなことが起きた。

社会保障費カットは必要ない

では、消費税減税を行った場合にはどうなるのか。一番右の図のように、真ん中の図と反対のことが起きるだけである。すなわち、消費税率を下げたことにより、白色部分の消費税収が少なくなるので、他の財源（灰色部分）をこれまで以上に多く投入するだけである。所得税も法人税も減るはずだから、新型コロナ経済対策として国債発行で調達した借金で主に賄うことになるだろう。社会保障費の総額は消費税収が減ったからといって、減額する必要は全くない。1年経って減税が終われば、元に戻るだけである（真ん中の図）。

当然、2019年10月の消費税率引き上げで創設した幼児教育無償化や大学学費免除・給付型奨学金、年金生活者支援給付金なども、廃止する必然性はない。消費税減税は期限のある措置であるし、実際問題として、法律文にも政令・省令にも、教育無償化を消費税に紐付けるような条文は存在しない。

消費税を減税すると教育無償化も廃止しなければならなくなるなどと主張する人々の根拠は、どうやら教育無償化予算に関する関係閣僚合意（幼児教育・高等教育無償化の制度の具体化に向けた方針）や、国と地方自治体との協議での合意、その結果として作成される予算書への記述にあるようだ。確かに、教育無償化政策を始めるに当たって、消費税増税分の予算を充てるという合意が行われた。しかし、これは法律ではなく、単なる合意や予算書の議決であるから、今回のような緊急事態であれば十分に変更可能である。教育無償化のために消費税以外の財源を充てることを関係閣僚が合意し、地方自治体とも再協議し、国会の議決を経れば良いだけである。

実は、関係閣僚合意どころか、増税分の財源を充てることを法律文の附則に書き込んでいても、守られなかった前例がある。既に第６章で説明した２００４年の年金改革では、基礎年金の国庫負担割合を３分の１から２分の１に引き上げたが、その財源を賄うために消費税率をいずれ引き上げることを示唆する附則が加えられた。しかし、実際には消費税増税はいつまで経っても行われず、財源不足分は長い間、その他の税収等を使って工面された。消費税を一時的に減税するぐらいで、一度作った制度を取りやめることなど、実際には不可能である。

社会保障改革に必要な消費税との縁切り

したがって、今回のコロナショックを機に、消費税を社会保障の財源と位置づけることは止めて、景気対策にも使える一般財源と、名実ともに正式に認めてはどうか。その方が、将来的に起こり得る様々な経済ショックに対して、柔軟かつ機動的に対処できるようになるだろう。消費税減税は、今回のように大きな経済ショックが起きた際に、景気対策の強力な政策手段となる。社会保障の目的財源だなどという間違った認識で、この強力な武器を封じてしまうことはあまりにも惜しい。

ところで、以上は景気対策として消費税率をどうするかという短期の話であったが、実は、長期的視点に立った場合にも、消費税と社会保障費のリンクを切り離すことが望ましい。その方が社会保障制度に財政規律が働くようになるし、社会保障改革も進みやすくなる。国の財政も確実に改善する。

詳しく説明しよう。我が国の社会保障制度の根幹は、年金（保険）、医療保険、介護保険などの社会保険である。これは本来、加入者から受益に応じた保険料を徴収し、その中でサービス給付を行う仕組みである。社会保険の中に、公費（税金や政府の借金）を投じる必要はないし、またそうすべきでもない。実際、我が国と同様、社会保険方式をとっているドイツでは、医療保険、介護保険にほとんど公費は入っていない。

もし、公費投入が正当化されるとすれば、それは保険料すら支払えないほど貧しい低所得者の分だけである。保険料が払えなければ無保険となり、さらに悲惨な状態となって生活保護などで救済せざるを得なくなるため、彼らに代わって政府が公費で肩代わりをする。

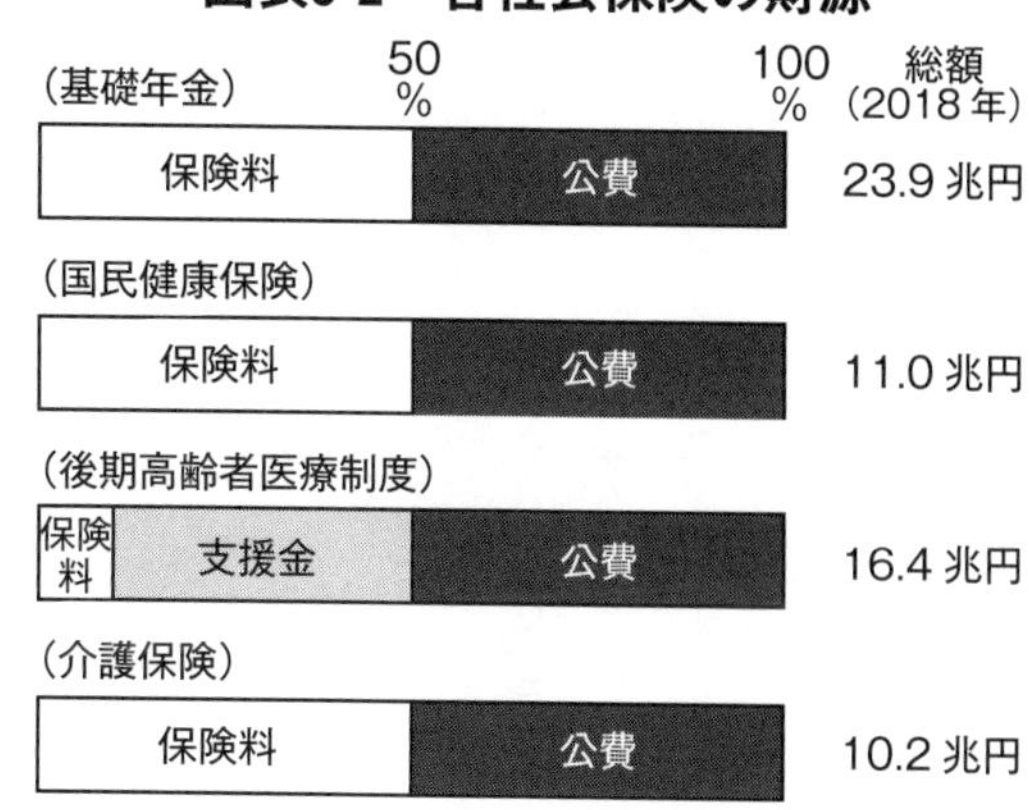

多額の公費投入は諸悪の根源

しかし、我が国の場合は、一般国民の「負担は少なく、受益は多く」という財政的に矛盾した要求に応えるために、社会保険の中に「ミルク補給」のように多額の公費を流し入れてきた。低所得者だけではなく、中所得者も高所得者も一律の公費補助である。その結果、図表８－２にみるように、基礎年金、国民健康保険、後期高齢者医療制度、介護保険の各財源に占める公費の投入割合は実に５割にも達する。これではもはや社会保険とは言えない。

この社会保険への多額の公費投入は、我が国の社会保障制度の財政規律を弛緩（しかん）させる諸悪の根源である。第一に、公費投入によって保険料や自己負担率が、本来あるべき水準よりも大幅に低く設定され、国民一人ひとりのコスト感覚を狂わせている。医療も介護も、サービス内容に対して極端に割安なので、過剰な需要が発生している。端的に言えば、「安いから使う」のである。

なお、公費投入分も結局は消費税や所得税の形で負担されるのだから、保険料や自己負担と同じことではないかという見方が昔から根強くある。確かに一国全体のマクロ的な視点に立てば、保険料でも税でも負担であることには変わらない。極端な話、日本国民が1人しかいないのであれば、税も保険料も同じである。しかし、現実には約1億2500万人の国民がいる。国民一人ひとりの行動を考えた時には、税と保険料、自己負担は同じではない。

具体的に、読者自身が医療保険なり、介護保険なりを利用する場合を思い浮かべてみよう。まずコストとして認識するのは自己負担額である。公費投入が少なくなって、その分だけ自己負担額が高くなったとしよう。すると、「軽い症状ならば街のドラッグストアの薬でとりあえず様子を見よう」とか、「訪問リハビリに頼る回数を減らして、自分で運動をしよう」などと反応するのではないだろうか。たとえ、公費投入が少なくなった分、所得税や消費税が多少下がったとしても、「それはそれ、これはこれ」である。高い自己負担を回避するように行動する。

税金はどんぶり勘定

次に、公費投入が少なくなって、住んでいる市町村の介護保険料や医療保険料が高くなったとする。そうなると、「次の首長選挙では、改革をして保険料を下げると言っている候補者に投票しよう」とか、「もう少し保険料の低い別の自治体に引っ越しをしよう」などと反応するはずである。やはり、所得税や消費税が多少下がったとしても関係ない。保険料が高いのは嫌であるから、避けられるのであれば避けたい。

このように、国民一人ひとりが自己負担や保険料にコストを感じ、自分自身で努力をしたり、各保険者に保険料引き下げのプレッシャーを与えるからこそ、効率化が促されるのである。

一方、所得税や消費税は全国民一緒の「どんぶり勘定」であるから、このような財政規律は全く働かない。税率のどの部分が自分の使った医療費負担か、介護費負担かわかりようがないし、知ったところで減らせるわけでもない。したがって、国全体の消費税率を下げるために、食事に気をつけて病気にならないようにしようとか、毎日運動をして要介護状態にならないようにしようなどと努力をする人はいない。一人で努力しても大海の一滴で意味が無いからである。

さらに、医療保険や介護保険の主な利用者は高齢者であるが、所得税や消費税の主な負担者は現役層である。仮に、自分が払う税額を社会保障のコストとして認識する「意識高い系の高齢者」がいるとしても、実際に高齢者が支払う税額は少ないから、社会保障のコストは安いと感じるに違いない。しかも、社会保険に投入される公費は、税だけではなく、国が借金をして賄っている部分も大きい。借金は将来世代への負担先送りであるから、高齢者はなおさら負担感を持たない。

公費投入は行政の過剰規制を招く

第二に、公費投入は貧富の区別なく一律なので、社会保障制度なのに所得格差縮小に全く寄与しない。例えば、ファーストリテイリング（ユニクロ）の柳井正社長やソフトバンクの孫正義社長のような日本を代表する資産家でも、基礎年金を受け取るようになれば、その半分は公費からの補助である。さらに後期高齢者になって後期高齢者医療制度を使ったり、要介護者になって介護保険を使えば、やはり半額は公費から補助されることになる。彼らに低所得者と同じ公費補助を行う必要はあるのかと、疑問を感じる国民は多いはずである。

第三に、多額の公費の存在は、それを管理する行政の過剰な規制の根拠となる。医療では診療報酬、介護では介護報酬として価格規制が行われ、医療機関や介護施設には厳しい参入規制がある。このようながんじがらめの状態では、成長のエンジンであるイノベーションが生まれにくい。また、規制に守られて競争原理が働きにくいため、医療機関や介護施設は高コスト構造に陥り、社会保障費の無駄を生じている。

こうした問題を解決するためには、社会保険への公費投入を大幅に縮小すべきである。低所得者については、公費補助がかろうじて正当化できるが、それ以外の者からは、サービスの対価に見合った保険料をきちんと徴収すべきである。

社会保障関係費はミルク補給代

ここで、これまで使ってきた「社会保障費」という言葉を、厳密に定義しておきたい。年金や医療、介護、生活保護など、様々な社会保障制度に使われている費用の総額は、厳密には「社会保障給付費」と呼ばれる。図表８－３にみるように、２０２０年度の予算ベースで１２６・８兆円という巨大な規模になっている。

我が国の社会保障制度の根幹は社会保険なので、財源としては保険料として徴収されてい

図表8-3　社会保障給付費の構成

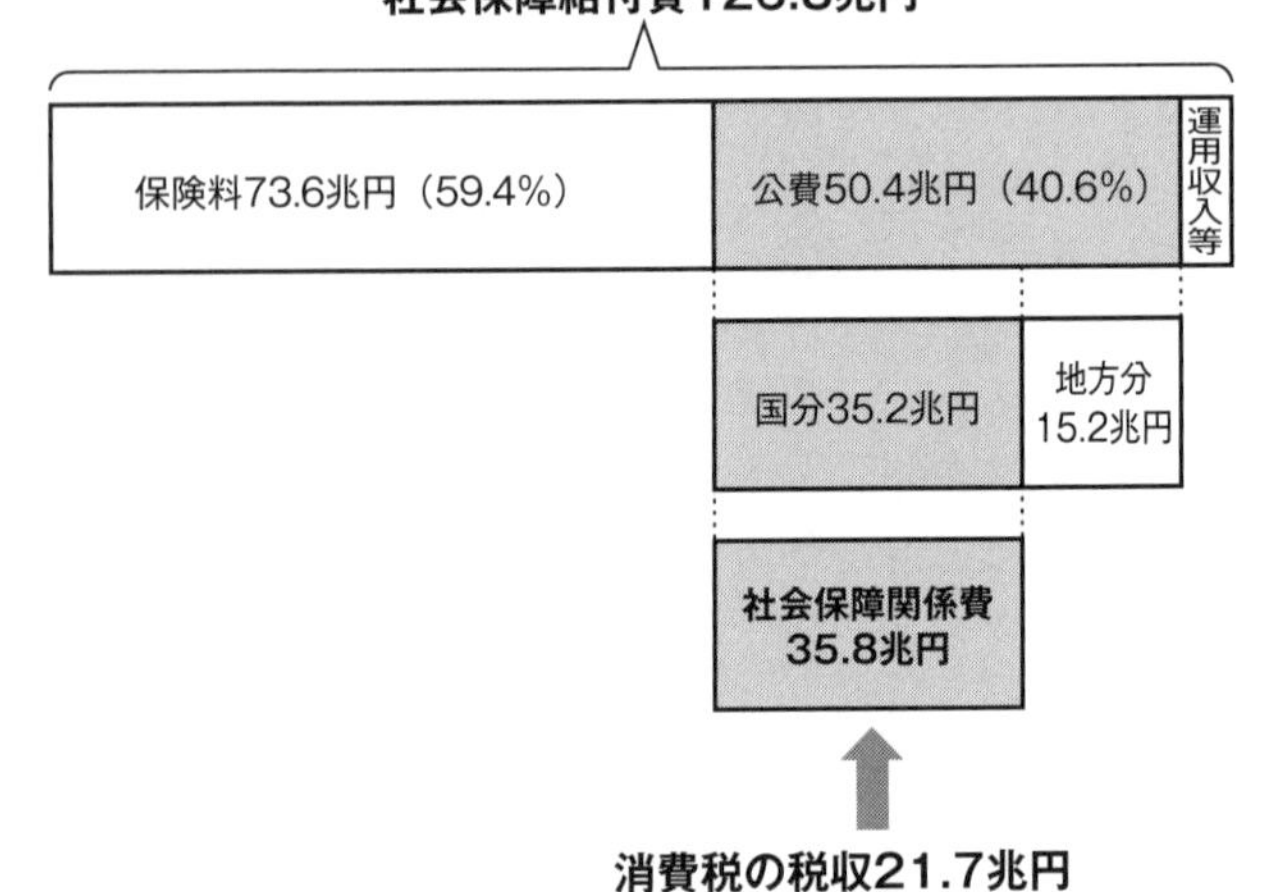

注）数字の出典は、厚生労働省「社会保障の給付と負担の現状（2020年度予算ベース）」。

る部分がやはり多い。73・6兆円で全体の約6割である。そして、残りの4割が公費の50・4兆円である。もちろんこの中には生活保護費や障害者福祉などの費用も含まれているが、それらの割合はわずかである。

この莫大な公費のほとんどは、基礎年金5割、介護保険5割、後期高齢者医療制度5割などという形で、各社会保険の中に「定率」で投入されている「ミルク補給代」である。

実はこの公費分は、国と地方の負担分に分かれているが、この国分とほぼ等しい金額が一般会計の社会保障費である「社会保障関係費」である。よくマスコミが「国の一般会計の社会保障費が昨年度よりも1・7兆円増えて35・8兆円となり……」などと言っているものである。マスコミが社会保障関係費のことを安易に「社会保障費」と呼ぶので、社会保障の本体のように誤解している人が多いが、実は社会保障給付費の一部である公費負担分の、そのまた一部にすぎない。

消費税はミルクそのもの

そして、その社会保障関係費の財源とされているものが消費税である。つまり、消費税とは社会保険へのミルク補給を支える原資であり、要するにミルクそのものなのである。消費税が社会保障関係費のための財源として固定され、足りなくなれば消費税を引き上げるということを繰り返していては、いつまで経っても社会保険の財政規律が働かない。効率化の努力をするよりも、税財源を要求する方が楽だからである。ミルク補給を期待して財政規律は緩み放題である。

したがって、消費税は名実ともに一般財源とし、社会保障関係費とのリンクを断ち切ることが必要である。消費税とは無関係に、社会保険は社会保険で頑張るのである。社会保険に投入している公費を減らしてゆくことこそが、我が国の社会保障制度を効率化し、社会保障

図表8-4　国の一般会計の内訳（2020年度当初予算）

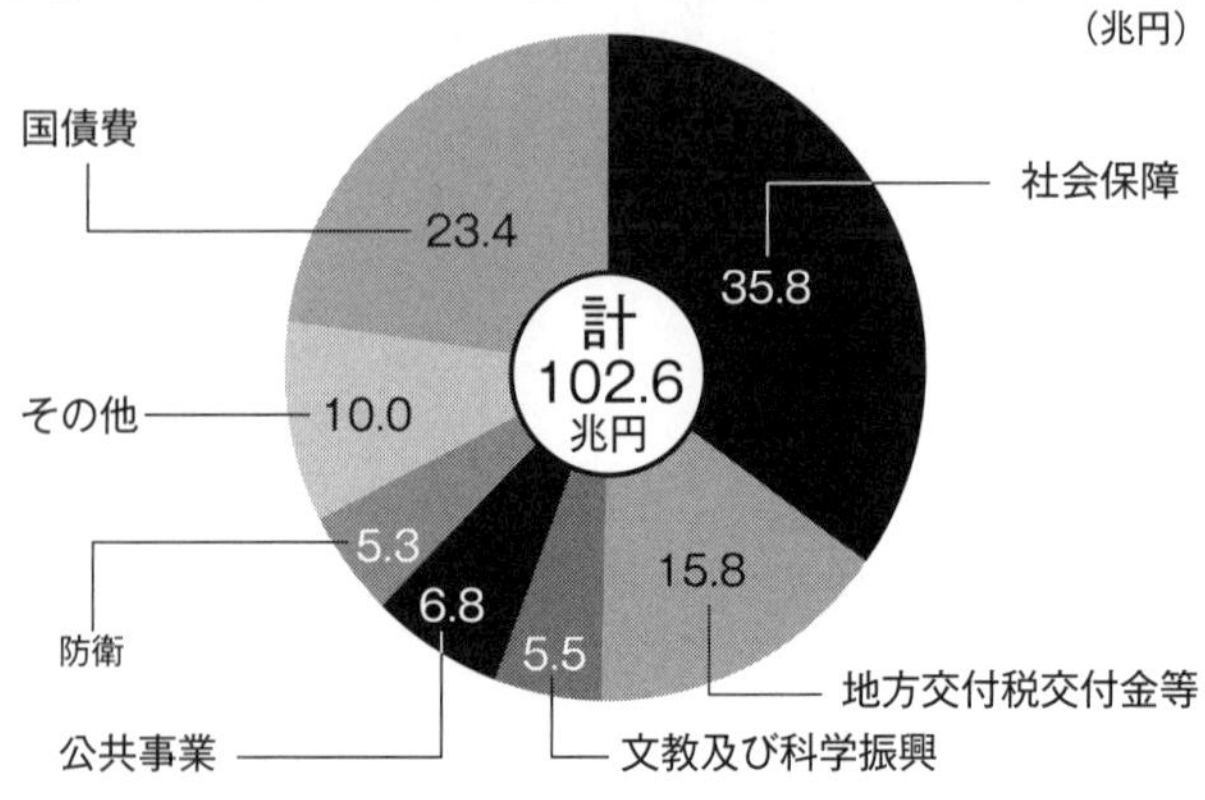

注）2020年度一般会計歳出（当初予算ベース）の内訳。出典は財務省「令和2年度予算のポイント」。

財政の維持可能性を取り戻す道である。

そして、このことは同時に、国の財政を健全化することになる。実は現在、国の予算の中で、最大の金額を占めているのが社会保障関係費である。図表8－4にみる通り、2020年度当初予算の一般会計102・6兆円のうち、社会保障関係費は35・8兆円と、予算額の3分の1以上（34・9%）を占めている。この割合は年々増えており、他の予算を圧迫している。昔は無駄遣いの代名詞だった公共事業であるが、もはや6・8兆円にすぎない。国の未来を作る「文教及び科学振興」も、もはやわずか5・5兆円である。日本の未来が心配である。

また、税収だけでは到底、102・6兆円もの歳出予算を賄い切れないため、財政赤字が32・5兆円も発生し、その分は国債を発行して借金している。32・5兆円という金額は社会保障関係費に匹敵する規模である。つまり、仮に社会保険への公費投入を完全に止めることができれば、国の財政赤字はほぼ解決できることになる。

保険料こそが一番の目的税

ところで、実際に社会保険への公費投入を止めるとなると、どのような事態が生じるのであろうか。まずは、公費分が無くなるしわ寄せとして保険料が大幅に高まることになる。例えば、後期高齢者医療制度、介護保険（65歳以上）、国民健康保険の一人当たり平均保険料月額（全国平均）は、それぞれ6397円→1万2794円、5689円→1万1378円、7283円→1万4566円と倍増する。サラリーマンの医療保険、介護保険はここまでは上がらないが、高齢者の医療保険や介護保険を支援している部分があるので、ある程度の引き上げは覚悟しなければならない。しかし、これは現在のサービス水準の受益に見合う保険料なのだから仕方がない。サービス水準に応じて保険料が決まるという意味で、実は保険料こそが、社会保障にとって一番の目的税である。

ただ、これほどの保険料アップに耐えられる加入者はあまりいないから、各保険者（保険事業の運営者）は保険料をなるべく低くするために、猛然と経営努力を行うようになるだろう。もちろん、規制緩和で各保険者が経営努力できるように裁量余地を作る（保険者機能を強化する）ことが前提であるが、各保険が実施できる項目として次のようなものが考えられる。

第一に、自己負担の引き上げである。現在の医療保険の現役3割、高齢者原則1割（70歳から74歳が2割、高所得者が3割）という自己負担率は、社会保険方式をとっている他の国々と比較すると、かなり低い方である。特に高齢者の自己負担率は極端に低いから、現役と同じ3割までは引き上げられるであろう。もっとも低所得（低年金）・低資産の貧しい高齢者は引き上げを免除するなどの措置を考えた方が良い。

また、医療保険と介護保険の自己負担率が異なると、リハビリや療養病床など、同じようなサービスの負担額が異なるという矛盾が生じ、負担が低い方の保険に利用が集中するという問題が生じる。このため、介護保険の自己負担率も3割に統一すると良い。また、風邪や腰痛などの軽医療や、低要介護者へのサービスは、諸外国のように保険外サービスとするか、自己負担率をさらに引き上げて対処する。

保険者が支払い範囲も決める

第二に、保険料の徴収方法を工夫する。例えば、保険料は通常、賃金収入に保険料率を乗じた額を徴収するが、これだと賃金収入のない高齢者からはあまり徴収ができない。しかし、高齢者の中には賃金収入はないが、年金収入が多額に及び、さらに資産をたくさん保有している者がいる。こうした高齢者からは、年金や資産からも保険料を徴収してはどうか。今の高齢者は若い頃に十分な保険料を支払ってこなかったのだから、年金や資産から徴収しても、二重の負担には当たらない。

また、民間の医療保険や生命保険が既に行っていることだが、毎日運動をしたり、喫煙・飲酒習慣がない人の保険料は低くする一方、健康習慣の悪い人の保険料を引き上げる。保険料を使って、医療費や介護費を節約するようにインセンティブを付けるのである。

第三に、保険者が医療機関に支払いをする際の仕組みを工夫する。医療費を抑制するインセンティブが働かない現行の「出来高払い方式」をやめ、病気ごと・疾病状態ごとにかかる標準的医療費を算定し、その予算の範囲内で医療機関に診療を委託する契約（包括払い方式）を採用する。実際、保険者の力が強いアメリカでは、多くの保険者が包括払い方式を採用している。

また、対費用効果の低い高額薬剤などを、保険者の判断で保険支払い対象外にすることもできるようにする。これも、アメリカでは普通に行われていることである。もちろん、ジェネリックがある薬剤は、当然、ジェネリックの方を利用してもらうことになる。ジェネリックがあるのに高価な新薬（先発薬）を使う場合には、保険者はジェネリック分の費用しか支払わず、残りは自己負担してもらえばよい。

一方、介護保険は要介護度ごとに利用限度額が定められているので、既に一種の包括払い方式である。ただし、保険者がどの介護サービスを支払い対象として選ぶかは、保険者ごとに地域の実情を考えて決められるようにする。これこそが、本来の地域包括ケアである。また、介護保険の保険者は自治体であるが、民間の様々な知恵を活用するために、指定管理制度を使って運営自体を民間保険会社などに任せることも一案である。

社会保障産業は成長産業

このようなやり方を取れば、公費投入が必要なくなり、社会保険は政府の予算制約を受けなくて済む。我が国では、社会保障というと負担面ばかりが目に付き、まるでお荷物の分野であるかのような印象があるが、それは多額の公費が投入されているからである。公費による補助がなくなれば、社会保障産業を規制で縛る必要はなくなるから、社会保障産業は自分自身で工夫をして自由に成長すればよい。実は見方を変えれば、社会保障産業——特に医療・介護産業は、高齢化に伴って成長することが確実な成長産業と言える。低成長に喘(あえ)ぐ日本経済にとって期待のリーディング産業である。大胆に規制緩和を行って、競争やイノベーションによる成長を促す。その結果として保険料が高まっても、サービスの内容が伴っているのであれば、国民は受益に応じた適正負担だと納得するだろう。

実際、この社会保障産業の自由化こそ、今後の国の成長戦略の柱にしても良いくらいのテーマである。そもそも、GDPの約1割を占める医療・介護分野において価格規制が行われていることは、アベノミクスが目指してきた物価上昇にとって大きな足かせであった。政府の財政悪化に伴って、規制価格が将来下げられると皆が予想していては、物価上昇はおぼつかない。

既に述べたように、医療・介護分野がいくら人手不足でも、人件費の原資であるサービス価格が規制されていては賃金を引き上げることも難しい。賃金が上がらなければ物価も上がらない。このまま社会保障関係費が膨張すれば、さらなる消費税増税が必要になると皆わかっているから、消費もなかなか増えない。まさにアベノミクスの足を引っ張っていたのが社会保障分野であった。社会保険への公費投入を止め、この負の悪循環を断つことは、アフターコロナ時代の日本経済再生の切り札とも言える。

骨太方針を再活用せよ

さて、そうは言っても、社会保険への公費投入をゼロにするような驚天動地の大改革を、すぐに実行することは不可能であろう。まずは、社会保障関係費を毎年少しずつ減らしてゆく計画に着手するところからがスタートである。いや、社会保障関係費が毎年伸びている現実を考えれば、まずは伸びを抑制するところから始めなければならない。

そのためには、政府の「経済財政運営と改革の基本方針」（いわゆる骨太方針）を再び活用すべきである。安倍政権下の２０１６年度から２０１８年度までは、財政健全化のために、社会保障関係費の伸びを年間５０００億円程度に抑えることが骨太方針に明記され、実際に実行されてきた。しかし、教育無償化などを始めて財政のタガが外れたため、２０１９年度からは抑制目標の明記が取り止められてしまった。

社会保障の専門家の間では、今までの５０００億円の目標に代わるものとして、社会保障給付費全体を名目ＧＤＰの伸び率の範囲内に抑制したり、それに現役世代の人口減を勘案する「根拠ある管理手法」が提案されているが、なかなか政治的なハードルが高い。それは、しばしば反対派が主張するように、高齢者数が増加している現状では、高齢者一人当たりの社会保障給付費削減に手を付けざるを得ず、痛みを伴う改革となるからである。また、本来、医療や介護は高齢化や経済成長に伴ってそれ以上に伸びる分野であり、ＧＤＰに占める社会保障給付費の割合は増えて当然との見方もある。

公費投入の定率制をやめよ

社会保障産業を成長分野として伸ばしながら、政府の予算管理も可能とする一石二鳥の方法はないのだろうか。実はある。それは、各社会保険における公費割合の「定率制」をやめることである。既に説明した基礎年金、医療保険、介護保険ごとに5割と決められている公費負担割合を、財政状況によって自動変更できる仕組みに改め、公費の伸び率を名目ＧＤＰの伸び率の範囲内に納めるようにする。国も無い袖は振れないので、社会保険に投入されている公費割合は徐々に縮小してゆくことになる。その分、保険料にしわ寄せがくるが、これは既に述べたように、保険料の徴収方法や自己負担率、保険のカバー範囲、支払い方法などを各保険者が工夫できるように規制緩和し、経営努力の中で吸収してもらう。

現状では、各保険の公費投入割合が定率に縛られているため、社会保障関係費を抑制しようとすると、全体の社会保障給付費も抑制しなければならなくなる。例えば、介護保険の公費の伸びを1％減らそうとすれば、全体の介護保険給付費も1％減らさなければならない。これではせっかくの成長分野を「角を矯めて牛を殺す」ことになりかねない。ここで、5割という定率の縛りをやめれば、公費分を抑制しても、全体額を減らす必要性はなくなる。公費と全体額のリンクが切り離されたからである。

社会保険は受益に応じた保険料で賄うべきであり、公費投入割合は制度的な縛りを廃止して、だんだんと縮小する。消費税は社会保障とは無関係な一般財源として、景気対策にも活用できるようにする。社会保障産業は経営努力ができるように自由化し、成長産業とする。これまでの常識を打ち破る思い切った発想が、アフターコロナ時代の未来を切り拓く突破口となる。

第9章 ベーシック・インカムは実現可能か

特別定額給付金を毎月支給

全国民に政府が一定額の生活費を支給するという「ベーシック・インカム」の導入論が、コロナ禍の中で再び盛り上がりを見せている。マスコミなどで活躍する論客、政府の専門家会議委員、野党政治家などがたびたび提案しているほか、主要な経済雑誌で特集が組まれるなど、ベーシック・インカム（BI）という言葉を見聞きする機会が急に増えてきた。

今回のブームのきっかけは、10万円の特別定額給付金である。これは1回限りの一時金であるが、所得制限をかけずに全国民に同じ金額を配るというアイディアは、ベーシック・インカムそのものである。コロナショックによる景気悪化が続いていることから、2回目の10万円給付を望む声も少なくない。それならいっそのこと、毎月10万円を支給することにしてはどうかという発想である。

しかし、当然のことながら、「そんな財源がどこに存在するのか」という疑問の声が上がっている。1回限りの給付でも約13兆円の予算を必要としたのである。これを毎月行うとなると、10万円×12ヶ月×日本の人口（約1億2500万人）で年間約150兆円の予算が必要となる。2020年度の国の当初予算が約100兆円であるから、その1・5倍もの金額である。国の予算にベーシック・インカムの予算を加えると250兆円であり、日本全体のGDPの約半分にもなる。これでは、とても現実的なアイディアとは思われない。

ベーシック・インカムの合理性

ただ、今回のような経済ショックで大きなダメージを受けている生活困窮者、低所得者などに対して、政府がセーフティーネットとして、一定の生活支援を行うべきことは言うまでも無い。今回も、当初は所得制限付きで世帯当たり30万円の給付を行おうとしたが、その際に露呈したことは、政府が国民の所得や資産を全く把握できていないという現実であった。

誰が支援の対象か、対象でないのかを迅速に線引きできない以上、今後も持続的に弱者を支援するためには、全国民への10万円給付――つまり、ベーシック・インカムを行わざるを得ないという主張には、不思議な説得力がある。

また、近年、地震や洪水などの自然災害が頻繁に起きているし、リーマンショック、東日本大震災、コロナショックと、100年に1度と言われる経済ショックが3回も起きている。こうしたリスクに対する保険として、政府が基礎的な生活水準を保障する仕組みを整えるべきだという考えにも、確かに傾聴に値する面がある。

そこで、本章は、①ベーシック・インカムは実現可能か、②実現可能性を高めるにはどのような工夫を行えば良いのか、③ベーシック・インカムをそのまま導入することは難しいとしても、そのエッセンスを取り入れた現実的な代替策はないか、といった諸点を考えていくことにしたい。

ベーシック・インカムとは

そもそもベーシック・インカム（Basic Income）という言葉は、日本語で「基礎的所得」を意味する。つまり、政府が全国民に対し、健康で文化的な生活を送るための所得を給付する制度である。健康で文化的な生活を送るための制度と言うと、まず生活保護を思い出すが、まさに生活保護を全国民に広げるイメージである。

ただし、生活保護とは異なり、福祉事務所による資産調査（ミーンズテスト）などの審査は必要ない。国民は、何ら恥ずかしい思いをせず、権利として給付を受け取ることができる。また、既に述べたように、生活保護制度は働いて労働収入が得られると生活保護費が減らされるが、そのような仕組みも必要ない。働きたい人はいくら働いても良いし、働いて得た収入は全て自分のものである。したがって、基本的に「貧困の罠」に陥る心配はない。

なぜ、政府がそのようなことをしなければならないのかという点については、昔から様々な議論がある。人が人として生きるための生存権代（生きていてありがとう代）だという人もいれば、専業主婦の家事労働や家族介護など、アンペイドワーク（対価を支払われていない労働）の対価だと言う人もいる。ゴミ回収や清掃などの低賃金労働者が、尊厳や敬意を得られるようにするための手段であるとか、黒人差別やＬＧＢＴＱ差別をなくすための手段であるとも言われる。

また、我が国では、生活保護の捕捉率（生活保護にかかるべきワーキングプアの中で、実際に生活保護にかかっている人の割合）が低いなど、既存の生活支援制度がうまく機能していないので、その代替手段だと言われたり、近年広がっている所得格差を縮小するための政策手段だという主張もある。ごく最近になると、今後のＡＩ社会の格差拡大を防ぐための政策だと言われたり、インフレ目標を達成するためのヘリコプターマネー政策（給付金などの財政政策を借金でさらに拡大し、発行した国債を日銀に引き受けさせて貨幣流通量を増やす政策）に用いるべきという提案もある。

歳出削減で財源作り

このように様々な考え方、思想に裏付けられているベーシック・インカムであるが、やること自体はシンプルで、国民全員に一定額のお金を配るということだけである。

配る金額については月額７万円、８万円、10万円とか、大人と子どもの金額を分けるなど、論者によって様々なバリエーションがあるが、いずれにせよ膨大な予算が必要となる。その財源の捻出方法についてもいろいろな議論があり、大きく分けて、歳出削減、所得税増税、消費税増税、資産課税増税、国の借金拡大などの案がある。むろん、現実的にはどれか一つの財源に頼るというよりは、これらのハイブリッドの仕組みになるだろう。

まず、歳出削減であるが、ある程度までは容易に達成可能である。なぜならば、ベーシック・インカムと同じような目的で行われている既存施策がたくさんあり、ベーシック・インカム導入によってその廃止が可能になるからである。その筆頭が、生活保護である。ただし、日本の生活保護費は約半分が医療扶助や介護扶助なので、この分をカットすることは適切ではない。廃止可能なのは生活扶助と住宅扶助の分である。

また、基礎年金も廃止可能であろう。もっとも、厚生年金の2階部分である所得比例年金については、公費も入っていないし、基礎的な保障でもない。この部分は、納めた保険料に比例して受け取る私有財産という面が強いから、廃止は適切ではない。

配偶者控除・扶養控除も不要

さらに、職を持っているかどうかにかかわらず、ベーシック・インカムが支給されるのだから失業給付もいらない。同様に育児休業給付もいらない。子どもにも支給されるのだから、子ども手当も不要である。幼児教育無償化も止めて、きちんと保育や幼児教育の対価を支払わせるべきである。

また、ベーシック・インカム導入を契機に、前章で説明した社会保険へのミルク補給の公費投入（社会保障関係費の医療保険、介護保険の分）も廃止すべきである。なぜならば、公費投入は保険料や自己負担額を低く保つための補助であり、本来は低所得者への支援措置である。低所得者でも一定の所得が確保されるのであれば、きちんと社会保険の対価を支払ってもらうのが筋である。

また、現在の所得税には、様々な所得控除の仕組みがある。このうち、配偶者控除や扶養控除は、専業主婦や扶養家族（主に子どもたち）にかかる費用の一定部分を補助する制度であるから、ベーシック・インカム導入後は明らかに不要となる。社会保険料控除なども、きちんと対価を支払えるだけの所得が保障されるのだからカットできる。一方で、給与所得控除や基礎控除も不要と考える論者もいるが、これは本業にかかる経費を控除するという意味合いなので、廃止は不適切と考えられる。税関係では、消費税の軽減税率も、低所得者に対する支援措置なので廃止できる。

代替財源の試算

今、これらの削減可能な「代替予算」が直近時点でいくらになるか、ざっと計算してみると、約１００兆円に上ることがわかった（図表９－１）。

一方、ベーシック・インカム導入に必要な予算額は、月額10万円の特別定額給付金をベースに考えると年間151兆円程度になるが、子どもまで月額10万円の給付というのは、少しやりすぎだという意見もあった。そこで、15歳未満の子どもは月額7万円の給付にすると、ベーシック・インカムの予算額は約146兆円である。差し引き（146兆円－100兆円）約46兆円の財源不足が発生する。この46兆円という予算を何とか工面できれば、ベーシック・インカムは実現可能となる。

まず、この46兆円を消費税増税で賄うとすると、22%の引き上げが必要である。現在の10%と足して32%の消費税（軽減税率無し）である。ただ、消費税を財源とすることには、いくつかの問題がある。例えば、ベーシック・インカム以外の所得がゼロの低所得者を考えた場合、月額10万円をすべて消費しても、7万5758円分の物品しか購入できない（2万4242円分は消費税分）。つまり、ベーシック・インカムは実は10万円ではなく、約7万5000円になってしまう。

また、消費税は逆進性があるので、低所得者に厳しい税制である。低所得者の支援、あるいは格差対策という目的を持つベーシック・インカムを実施するために、財源として消費税を選ぶことには矛盾がある。

図表9-1 ベーシック・インカム導入時の予算と財源の試算

（単位：兆円）

(1) ベーシック・インカム予算額		**145.7**	15歳以上の国民は月額10万円、15歳未満は月額7万円
(2) 代替予算		**99.5**	
内訳	生活保護費（生活扶助分、住宅扶助分）	1.8	厚生労働省「生活保護費負担金事業実績報告」（平成29年度）
	基礎年金（基礎年金給付費＋基礎年金相当給付費）	23.9	厚生労働省「公的年金財政状況報告－平成30年度－の概要」
	児童手当	2.4	内閣府子ども・子育て本部「子ども・子育て支援新制度に関する予算案の状況について」（令和2年度）等から推計
	教育無償化	1.4	厚生労働省「予算案の概要」（令和２年度当初予算）
	失業等給付	1.3	厚生労働省「労働保険特別会計雇用勘定・歳入歳出予算の概要」（令和２年度当初予算）
	育児休業給付	0.7	厚生労働省「労働保険特別会計雇用勘定・歳入歳出予算の概要」（令和2年度当初予算）
	社会保障関係費（医療保険、介護保険分）	15.7	厚生労働省「予算案の概要」（令和２年度当初予算）
	配偶者控除・配偶者特別控除・扶養控除・社会保険料等控除・利子配当控除等	51.2	財務省「租税及び印紙収入予算の説明」（令和2年度当初予算）
	消費税軽減税率	1.1	財務省試算
(3) 差額（(1)－(2)）		**33.7**	
	消費税率に換算	**22.0%**	消費税1％当たり2.1兆円で計算
	所得税率に換算	**23.5%**	課税所得＋上記の控除額を新課税所得として計算（財務省「租税及び印紙収入予算の説明」（令和2年度当初予算））

国債による財源調達は問題

一方、固定資産税や相続税などの資産課税を、ベーシック・インカムの財源に充てることにも問題がある。こうした資産は、賃金所得など、既に課税された所得を蓄えてできたものであるから、そこにまた課税をするということは二重の課税である。また、資産のようなストックを、毎月支払いが発生するフローの政策の原資とすれば、いずれ取り崩されてしまうので持続不可能である。フローの再分配政策には、ストックではなく、フローの財源を充てるのが基本である。

さらに、国が借金をさらに増やして、国債でベーシック・インカムの財源を調達すべきという考えもあるが、これに賛成する国民は少ないのではないか。確かに、ヘリコプターマネー政策を行って、ある程度のインフレを起こし、デフレから脱却するという政策はマクロ経済政策としては理解できる。しかし、それをベーシック・インカムと連動させることには問題がある。

なぜならば、資産を財源にするアイディア同様、借金による財源調達は持続不可能であるからだ。景気対策に使う公共事業とは異なり、一度作った社会保障政策はすぐさま既得権化するので、後で変更することが極めて難しい。例えば2％のインフレ目標を無事に達成できたので、ベーシック・インカムを廃止して元に戻しましょうということは、政治的に実行不可能であろう。

所得税による財源調達が合理的

それでも、まだベーシック・インカムを続けるということになれば、インフレがどんどん高進してゆくことになるが、そうなるとそもそもの10万円の価値が大きく目減りしてしまう。例えば、物価が2倍になるとすれば、10万円で買える物やサービスの量は、今の5万円分と等しくなる。これでは、ベーシック・インカムを5万円しか給付していないことと同じである。

したがって、増税方法として自然なのは、やはり所得税であろう。低所得者は所得税も少なくなるから、低所得者対策という趣旨とも矛盾しない。2020年度の給与所得と申告所得から、配偶者控除や扶養控除などを差し引いた金額を新しい「課税所得」と考えると、約197兆円になる。財源不足の46兆円をこの金額で割ると23・5％であるから、平均的に23・5％の所得税増税が必要ということになる。復興所得税のように、全国民に一律に課すフラットな所得税率を考えても良いが、この増税分も累進課税にして、低所得者の負担をさらに軽減しても良い。

ただ、いずれにせよ23・5％というのは前代未聞の大増税である。

さらなる歳出削減の可能性

財源捻出のためにさらに歳出削減を行えば、増税分はそれだけ圧縮できる。例えば、廃止する生活保護や諸手当、基礎年金の支給業務に携わる公務員や日本年金機構の職員を人員削減することが考えられる。特に、市区町村で働く地方公務員の多くは福祉的な業務に携わっているから、その人件費削減幅はかなりの規模になるだろう。しかし、公務員削減は、自治労などからの猛抵抗があることを覚悟しなければならない。まさに血を見る改革になる。

また、我が国は、事後的な所得再分配の機能が貧弱で、むしろ事前的な所得再分配や所得維持のために作られた政策が多いことが知られている。例えば、農林水産業への各種補助金、自営業・中小企業対策、公共事業、地域振興策などの目的で行われる地方への各種補助金は、明らかに所得再分配や所得維持を目的とした事業を多く含んでいる。これらの分野では、市場競争で勝ち負けが決まってから、負けた者への所得再分配を行うのではなく、はじめから弱いと見なされた産業・地方に、勝ち負けにかかわらず再分配している。

また、地方への補助金（地方交付税交付金）を原資として行われている地方自治体の民生費の諸事業（社会福祉、老人福祉、児童福祉など）も、ベーシック・インカムと重なる部分が多いので削減可能である。こうした諸事業をカットすれば、２０１２年時点で15・9兆円の財源が捻出できるという試算もある。[9] ただ、これらを実施することは政治的には困難を極めるであろう。長年にわたって凝り固まった既得権になっているし、各種補助金は競争を制限し、当該産業を保護するための岩盤規制と結びついているものが多い。単純に補助金だけを廃止するという訳にはいかないのである。

ベーシック・インカムの本当の目的

ベーシック・インカムの金額をもう少し下げるという手もある。少しキリが悪いが、国民一人当たり月額８万円、15歳未満は６万円という制度設計ならば、ベーシック・インカムの総予算額は約１１７兆円になる。財源不足は約17兆円まで圧縮されるから、上記に挙げた追

9　原田泰『ベーシック・インカム　国家は貧困問題を解決できるか』中公新書、２０１５年

加的な歳出削減策を合わせて実施すれば、計算上は何とか財源が確保されることになる。

ただ、これらの歳出削減策を実施するとなると、もはや改革というより革命である。国の形を大きく変えることになる。農林水産業や建設業、自営業、中小企業、地方、高齢者への事前の所得再分配政策や岩盤規制を廃止し、地方公務員も大幅に削減して小さな政府を目指す。ベーシック・インカムという最後の生活保障は確保されているのだから、企業や労働者は市場で激しい競争を行い、安心して成長のためのリスクを取ってくださいということになる。これは、日本経済の将来を切り拓くための重要な突破口となるだろう。

実は、ベーシック・インカムの本当の意義は、その導入をきっかけに、この国を成長型の体質に作り替えるということにあるのかもしれない。そして、そこまでやる覚悟があるのであれば、ベーシック・インカムは将来のために、十分にやる価値のある大改革となるだろう。

したがって、国民にはそこまできちんとした説明をすべきである。ベーシック・インカムを「10万円の給付金が毎月もらえる制度」というぐらいにしか理解せず、甘い餌に釣られて賛成する国民では、この厳しい改革についてこられる訳がない。

ハードルのやや低い「給付付き税額控除」

ベーシック・インカムまで大きな風呂敷を広げずとも、ベーシック・インカムのエッセンスを取り入れ、なおかつ実現可能性のやや高い改革手法がある。それが「負の所得税」もしくは「給付付き税額控除」と呼ばれる制度である。

実は、18世紀から非常に多くの議論が行われてきたベーシック・インカムであるが、実際に国レベルで実行に移された例は存在しない。最近では、2017年から18年に行われたフィンランドのベーシック・インカムが有名であるが、これは単なる社会実験で、対象者はわずか2000人にすぎなかった。また、2016年にはスイスでベーシック・インカム導入に関する国民投票が行われたが、反対多数で否決されている。

一方、給付付き税額控除については、既にアメリカ、カナダ、イギリス、フランス、オランダ、スウェーデン、ニュージーランド、韓国などで実施されている。国によって様々なバリエーションがあり、働くことを前提に給付を行う「勤労所得税額控除」や、子どものいる家庭だけに実施する「児童税額控除」、消費税の逆進性に対応するための税額控除などがあるが、ここでは一括して給付付き税額控除と呼ぶことにする。

図表9-2　ベーシック・インカムの概念図

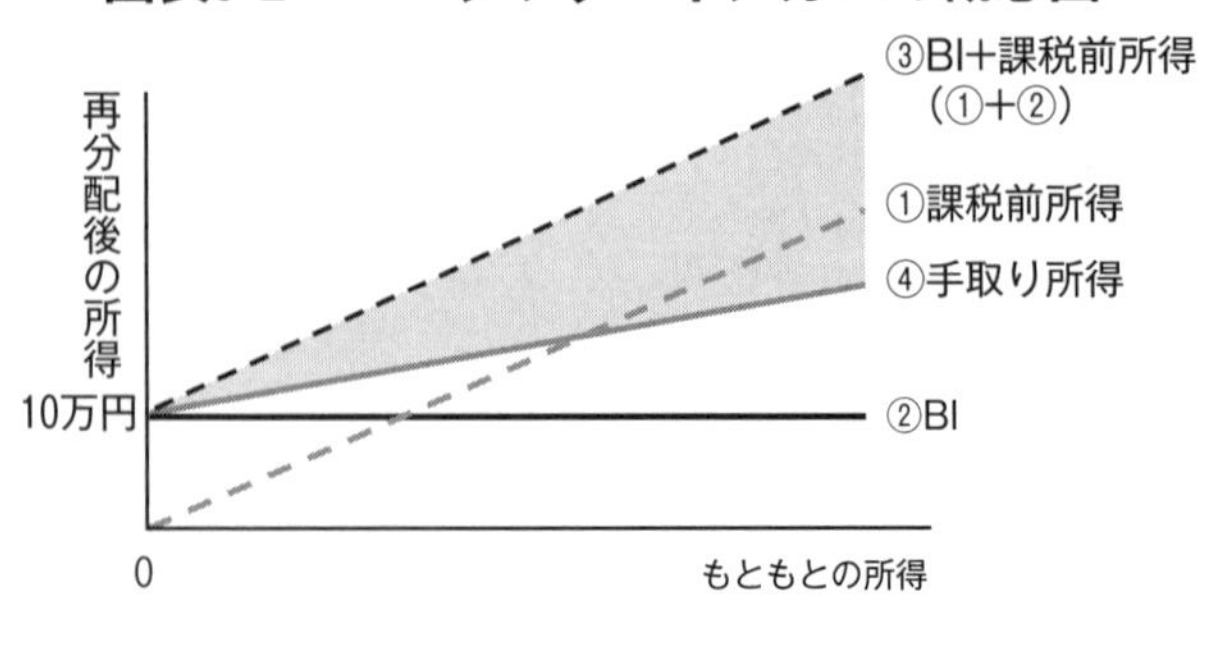

給付付き税額控除の仕組み

給付付き税額控除とはどのような仕組みであろうか。ベーシック・インカムと対比させながら説明する方がわかりやすい。まず、図表9－2は、ベーシック・インカムの財源を所得税で調達するもっとも一般的なケースを示したものである。横軸は、ベーシック・インカムを受ける前のもともとの所得を示しており、原点は所得ゼロで、右に行けば行くほど高所得者となる。灰色点線①は、もともとの所得（課税前所得）である。見やすくするために縮尺を横に広げているが、本来は45度線である。

ここで、ベーシック・インカム（BI）は、もともとの所得の違いに関係なく、国民全員に一定額（例えば1人月額10万円）が配られる制度なので、横向きの黒実線②として描かれている。もともとの所得①とベーシック・インカム②を合計すると（両線を縦方向に足し合わせると）、黒点線③となる。

ただし、ベーシック・インカムを実施するには、財源がなければならない。その財源を所得税増税で調達すると、その分、手取りの所得が減って灰色実線④のようになる。つまり、シャドーがかかっている部分が所得税として課税される分である。最終的には、国民は灰色実線④の手取り所得に直面することになる。

BIと給付付き税額控除の結果は同じ

一方、給付付き税額控除は、一定額の所得（課税前所得）を上回る中高所得者からは所得税を徴収するが、一定額を下回る低所得者からは税を徴収せず、逆に還付金を給付する制度である。プラスの還付が受けられるということは、マイナスの所得税が徴収されるということなので、最初に「負の所得税」と名付けられた。提案者は、ノーベル経済学賞受賞者の故ミルトン・フリードマン教授（シカゴ大学）である。[10]

図表9－3の黒点線②が給付付き税額控除を表したものである。横軸と交わる点以下の低

10　ミルトン・フリードマン（村井章子訳）『資本主義と自由』日経BP社、2008年

図表9-3　給付付き税額控除の概念図

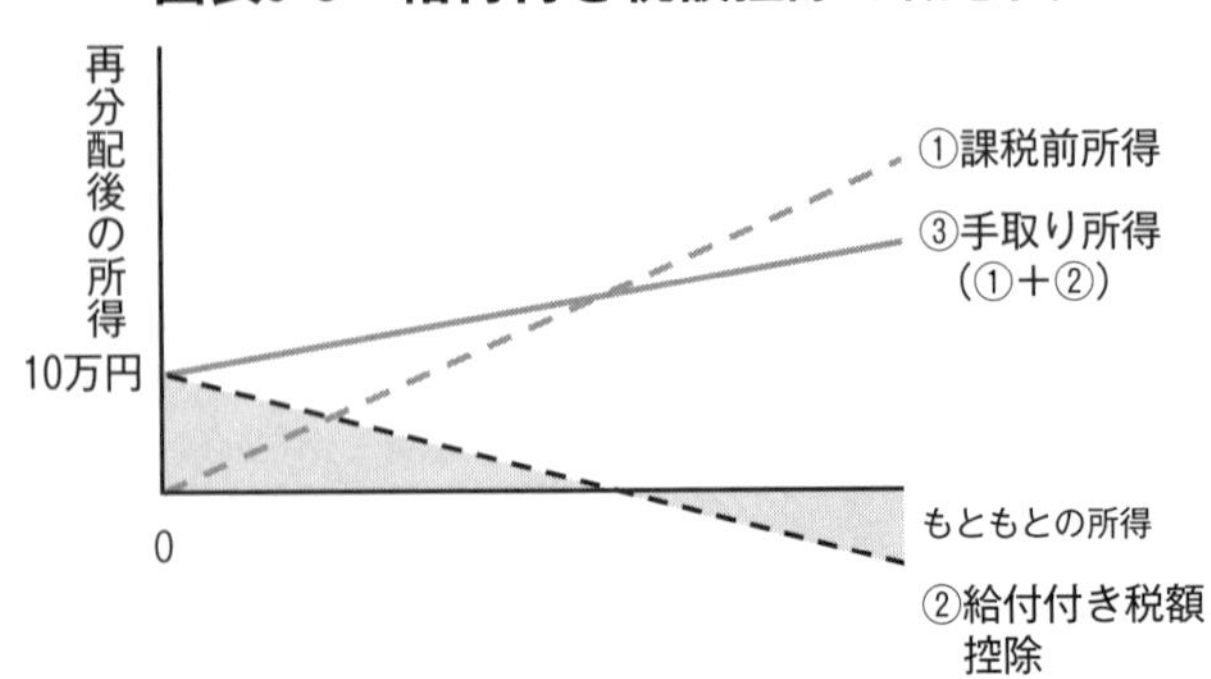

所得者には給付（プラス）、それ以上の所得者には税（マイナス）が課されている。所得がゼロの低所得者には10万円の還付があるように設計されている。この②の黒点線を課税前所得①と合計すると（縦方向にグラフを足し合わせると）、手取り所得③となる。実は、これは図表9－2の④の手取り所得と全く同じものである。

つまり、ベーシック・インカムと全く同じ政策効果が、給付付き税額控除を実施することで得られるのである。

実務的には大違い

政策効果が同じならば、ベーシック・インカムでも給付付き税額控除でも、どちらでも良いような気がするが、実務的には大違いである。10万円の特別定額給付金を巡る大騒ぎからもわかるように、政府が国民に給付金を配ることは、特に我が国の場合、困難を極める大事業となってしまう。現行法が、税務当局（税務署など）が把握している個人の銀行口座番号を、市役所や区役所に利用させることを禁じているからである。

そのため、まず、世帯ごとに郵送で案内を通知して、銀行口座番号を役所に提出してもらう必要があった。これが大変な混乱を招いたのである。しかも、実はこうして把握された口座番号は、給付作業が終わったら破棄しなければならないことになっている。このため、もし、今後、2回目の給付金を実施しようと思ったら、また、同じように各世帯に案内を送り、再度、銀行口座番号を提出してもらわなければならない。実に非効率極まる話である。ベーシック・インカムを実施する場合にも、同様の手続きを行わなければならないため、膨大な事務作業が発生する。

一方、給付付き税額控除の場合には、給付金の代わりになるのが低所得者への還付金であるが、還付自体は通常の徴税事務でも頻繁に発生していることであるから、実務上、何の困難もない。還付金を振り込む銀行口座番号は既に税務当局が把握しているものであるし、還付するのは低所得者のみであるから、事務量も格段に少ない。

また、給付付き税額控除の場合には、現行の生活保護制度や基礎年金を廃止する必要は必ずしもない。単に、生活保護世帯や年金受給世帯に還付を行わなければ良いからである。その他、児童手当や配偶者控除・扶養控除などの仕組みとも共存可能である。もちろん、その分、制度が複雑になるし、ドラスティックな改革にはならないが、この現行制度との調和性の高さが、多くの国々で給付付き税額控除が採用された理由の一つであろう（もっとも、フリードマン自身は、対象ごとに複雑化した社会保障・社会福祉制度を整理するための仕組みとして「負の所得税」を提案したので、給付付き税額控除がこのような使い方をされることには不満だったようである）。

漸進的改革が可能

また、給付付き税額控除は、財源調達できる金額に合わせて、低所得者への還付金額を加減できる利点もある。単なる還付金なのだから、生存権の保障でも何でもないからである。むしろ生存権の保障自体は、生活保護制度に任せておけば良い。最初は現実的に月額5万円ぐらいからスタートし、歳出削減や増税で財源調達ができれば、徐々に7万円、8万円、10万円とその金額を増やしていく。その時に初めて、生活保護制度の廃止を検討すれば良い。

国民が、低所得者への最低保障や、経済ショックや災害発生時の最低保障保険（たとえ中高所得者であっても、経済ショックなどで所得が激減して低所得者になった場合、最低保障額が得られるという意味での保険）を、本気で充実させたいと望むならば、歳出削減や税制改正の痛みにも耐えるであろう。その意味で、給付付き税額控除は改革推進の駆動力にもなる。ベーシック・インカムほどドラスティックではないが、給付付き税額控除には漸進的（ぜんしんてき）な改革を進める力がある。

所得把握という弱点

ただ、給付付き税額控除の弱点は、税務当局が国民の所得をきちんと把握していなければならないことである。税務当局が、誰が本当の低所得者なのかわかっていなければ、給付付き税額控除は単なるバラマキになってしまうからである。

しかしながら、わが国では、クロヨン（9：6：4）とかトーゴーサン（10：5：3）と言われるように、自営業者や農林水産業従事者の所得把握率がとても低い。ちなみに、トーゴーサンとはサラリーマンの所得把握率が10割であるのに対して、自営業は5割、農林水産業従事者は3割という意味であり、クロヨンは各比率が9：6：4ということである。

そして、税務当局に所得を把握されないことが、一種の既得権益になってしまっているために、なかなか改革が進まない。例えば、マイナンバーカードに銀行預金の情報を紐付けて、政府が所得や資産を把握できるようにしようというアイディアもあったが、いつのまにか立ち消えとなってしまった。マイナンバーカード自体の普及率もいまだに非常に低い。歳入庁のような強力な徴収機関を作って、税務調査をしっかり行うというアイディアもあるが、これも反対が多くなかなか進まない。

所得把握は自己申告で

しかし、マイナンバーカードの普及・機能強化や、歳入庁設立のような改革が実行されない限り、給付付き税額控除が始められないかというと、必ずしもそういうことはない。低所得者自身に、自分の所得を証明してもらうという方法があるからである。

低所得者は自分が低所得者であることを証明すれば、還付金という特典が得られるのだから、自ら進んで自分の所得を明らかにする動機がある。具体的には、低所得者に最寄りの税務署に来てもらい、自分の所得を、資産を含めた証書類（確定申告書、所得証明、預金通帳、銀行への照会を税務署が行ってもよいという承諾書）とともに申告し、給付付き税額控除の還付金を受ければ良い。

税務署が各銀行に照会できるようにするのは、所得が少ないことを、銀行預金の増減額で確認できるからである。例えば、「今年は所得がゼロです」と申告した低所得者の銀行預金を調べたところ、預金残高が1000万円も増加しているのであれば、それは虚偽の申告をしていた可能性が高い。

同様に、今は低所得者ではないが、将来、経済ショックなどで所得が激減した際、迅速に還付を受けたいと思うのであれば、同じように所得と資産を税務署に申告し、銀行への照会にも承諾しておいてもらう。

効率的な税務調査が可能

もし、自営業者や農林水産業従事者が、本当は低所得者ではないのに低所得であると嘘の確定申告をしているのであれば、そもそも預金通帳を持って税務署には来ないだろう。したがって、この自己申告制度によって真の低所得者を効率的に選別することができる。逆に、確定申告で所得を低く報告しながら、給付付き税額控除の還付金を申請しない人がいれば、それは虚偽の申告をしている可能性が高い。税務署は、そうした人々に集中的に税務調査に入れば、効率的に税収を上げることができる。

最初から完璧な制度など無いのであるから、まずは、低所得者の自己申告制をベースに、小規模でも給付付き税額控除を立ち上げてはどうだろうか。そこから徐々に税務当局による所得、資産の把握を進めるとともに、各種の改革で財源を作り出し、還付金額を最低保障と言えるだけの金額に増やしてゆく。制度が立ち上がれば、国民も還付金額が増えることを望むはずだから、その力を利用して改革を進めてゆけば良い。

あとがき

本書は、コロナ禍における社会保障の現状と課題、今後の見通し、あるべき政策的対応、アフターコロナ時代に向けての中長期的な改革方針などを論じてきた。具体的には、感染症対策と経済の両立化策、コロナショックへの経済対策、失業問題、生活保護、年金、医療、介護など、個別分野の議論を行った上で、消費税減税とベーシック・インカム導入という目下話題の2大政策テーマについて、その是非やあり方を論じた。

既に、コロナ禍の日本経済、あるいは日本社会を論じた本は数多く書店に並んでいるが、社会保障にまで話が及ぶものは少ないようである。年金、医療、介護、雇用、生活保護など、社会保障の各分野はそれぞれ独立し、制度も複雑で、専門性も高い。言わば、「たこつぼ構造」となっているため、なかなかアウトサイダーには状況がつかみにくい面がある。また、社会保障の各分野は、たくさんの業界団体、職能団体があり、それぞれ政治的な立場からの情報発信を行うことから、虚実が入り交じり、本当のことがよくわからない。

しかし、社会保障は、我々の生活に密着した重要な分野である。コロナ禍の中で、いったい何が起きているのか、どのような問題を抱え、今後どうなるのか。こうした知識無しに、ウィズコロナ時代、アフターコロナ時代を生き抜くことは困難である。

また、各章の議論からもわかる通り、コロナ禍によって社会保障の各分野は深く傷ついている。コロナ禍が起きる前から先送りされ続けてきた構造的問題と相まって、それぞれ危機的な状況に直面している。この状況を、国民の一人ひとりが知り、自分の問題として考えるべきだと思ったことが、本書を緊急出版してもらった動機である。

したがって、本書は読んでいて楽しい内容ではない。読者によっては、初めて知る事実にショックを受けたかもしれないし、政治や行政に対する怒りを覚える人もいただろう。読み進むたびに、暗澹（あんたん）たる気持ちになり、頭を抱えてしまう人もいるかもしれない。しかし、全ての課題に対して、必ず解決策を提示しているので、そこがせめてもの救いになればと思っている。

新型コロナウイルスと同様に、社会保障の諸課題に対しても、「正しく知り、正しく恐れる」ことが重要である。いつまでも、政治や行政、専門家に白紙委任するようなことを続けてはいけない。最後のツケを回されるのは常に国民の側だからである。そして、すぐに先送りしたり、「改革やったふり」をしようとする政治や行政に対し、プレッシャーを与え続けなければならない。本書が、そのきっかけとなれば、著者として幸甚の至りである。

本書を終えるに当たって、本書の編集を担当したPHP研究所第一制作部PHP新書課の西村健氏に感謝を申し上げたい。社会保障の議論はとかく専門的になりがちであるが、西村氏は読者目線で的確な質問や指摘をしてくれた。本書が少しでもわかりやすいものになっているとすれば、それは西村氏のおかげである。

また、私事の話で恐縮であるが、本書を執筆しながら、母や叔母の介護を主に担当してくれている2人の妹（晶子、智子）のありがたさを改めて実感した。彼女たちがいなければ、こうして執筆活動をしている余裕など、筆者にはなかったはずである。

まだ、しばらくの間、コロナ禍の苦しい時期が続くと思われるが、その先に、日本社会にとっても、我々家族にとっても、もう一度明るい未来が待っていることを期待したい。

PHP INTERFACE
https://www.php.co.jp/

鈴木　亘［すずき・わたる］

学習院大学経済学部教授。1970年生まれ。1994年上智大学経済学部卒業後、日本銀行を経て、2000年大阪大学大学院博士後期課程単位取得退学（2001年博士号取得）。東京学芸大学教育学部准教授等を経て、現職。その傍ら、大阪市特別顧問として西成特区構想を担当し、東京都特別顧問として待機児童対策に尽力した「行動する経済学者」。著書に『だまされないための年金・医療・介護入門』（東洋経済新報社、日経BP・BizTech図書賞、政策分析ネットワーク賞・奨励賞）、『財政危機と社会保障』（講談社現代新書）、『経済学者　日本の最貧困地域に挑む』（東洋経済新報社）、『健康政策の経済分析』（共著、東京大学出版会、日経・経済図書文化賞）など。

社会保障と財政の危機

（PHP新書 1239）

二〇二〇年十一月二十六日　第一版第一刷

著者――――鈴木　亘
発行者―――後藤淳一
発行所―――株式会社PHP研究所
東京本部――〒135-8137 江東区豊洲5-6-52
　第一制作部 ☎03-3520-9615（編集）
　普及部 ☎03-3520-9630（販売）
京都本部――〒601-8411 京都市南区西九条北ノ内町11
組版――――アイムデザイン株式会社
装幀者―――芦澤泰偉＋児崎雅淑
印刷所
製本所―――図書印刷株式会社

© Suzuki Wataru 2020 Printed in Japan
ISBN978-4-569-84773-3
※本書の無断複製（コピー・スキャン・デジタル化等）は著作権法で認められた場合を除き、禁じられています。また、本書を代行業者等に依頼してスキャンやデジタル化することは、いかなる場合でも認められておりません。
※落丁・乱丁本の場合は、弊社制作管理部（☎03-3520-9626）へご連絡ください。送料は弊社負担にて、お取り替えいたします。

ＰＨＰ新書刊行にあたって

「繁栄を通じて平和と幸福を」（PEACE and HAPPINESS through PROSPERITY）の願いのもと、ＰＨＰ研究所が創設されて今年で五十周年を迎えます。その歩みは、日本人が先の戦争を乗り越え、並々ならぬ努力を続けて、今日の繁栄を築き上げてきた軌跡に重なります。

しかし、平和で豊かな生活を手にした現在、多くの日本人は、自分が何のために生きているのか、どのように生きていきたいのかを、見失いつつあるように思われます。そして、その間にも、日本国内や世界のみならず地球規模での大きな変化が日々生起し、解決すべき問題となって私たちのもとに押し寄せてきます。

このような時代に人生の確かな価値を見出し、生きる喜びに満ちあふれた社会を実現するために、いま何が求められているのでしょうか。それは、先達が培ってきた知恵を紡ぎ直すこと、その上で自分たち一人一人がおかれた現実と進むべき未来について丹念に考えていくこと以外にはありません。

その営みは、単なる知識に終わらない深い思索へ、そしてよく生きるための哲学への旅でもあります。弊所が創設五十周年を迎えましたのを機に、ＰＨＰ新書を創刊し、この新たな旅を読者と共に歩んでいきたいと思っています。多くの読者の共感と支援を心よりお願いいたします。

一九九六年十月

ＰＨＰ研究所

PHP新書

[経済・経営]

187 働くひとのためのキャリア・デザイン　金井壽宏
379 なぜトヨタは人を育てるのがうまいのか　若松義人
450 トヨタの上司は現場で何を伝えているのか　若松義人
543 ハイエク 知識社会の自由主義　池田信夫
587 微分・積分を知らずに経営を語るな　内山 力
594 新しい資本主義　原 丈人
620 自分らしいキャリアのつくり方　高橋俊介
752 日本企業にいま大切なこと　野中郁次郎／遠藤 功
852 ドラッカーとオーケストラの組織論　山岸淳子
882 成長戦略のまやかし　小幡 績
887 そして日本経済が世界の希望になる
ポール・クルーグマン［著］／山形浩生［監修・解説］／大野和基［訳］
892 知の最先端　クレイトン・クリステンセンほか［著］／大野和基［インタビュー・編］
901 ホワイト企業　高橋俊介
908 インフレどころか世界はデフレで蘇る　中原圭介
932 なぜローカル経済から日本は甦るのか　冨山和彦
958 ケインズの逆襲、ハイエクの慧眼　松尾 匡
973 ネオアベノミクスの論点　若田部昌澄
980 三越伊勢丹　ブランド力の神髄　大西 洋
984 逆流するグローバリズム　竹森俊平
985 新しいグローバルビジネスの教科書　山田英二
998 超インフラ論　藤井 聡
1003 その場しのぎの会社が、なぜ変われたのか　内山 力
1023 大変化——経済学が教える二〇二〇年の日本と世界　竹中平蔵
1027 戦後経済史は嘘ばかり　髙橋洋一
1029 ハーバードでいちばん人気の国・日本　佐藤智恵
1033 自由のジレンマを解く　松尾 匡
1034 日本経済の「質」はなぜ世界最高なのか　福島清彦
1039 中国経済はどこまで崩壊するのか　安達誠司
1080 クラッシャー上司　松崎一葉
1081 三越伊勢丹　モノづくりの哲学　大西 洋／内田裕子
1084 セブン-イレブン1号店　繁盛する商い　山本憲司
1088 「年金問題」は嘘ばかり　髙橋洋一
1105 「米中経済戦争」の内実を読み解く　津上俊哉
1114 クルマを捨ててこそ地方は甦る　藤井 聡
1120 人口知能は資本主義を終焉させるか　齊藤元章／井上智洋
1136 残念な職場　河合 薫

1162 なんで、その価格で売れちゃうの？　永井孝尚
1166 人生に奇跡を起こす営業のやり方　田口佳史／田村 潤
1172 お金の流れで読む　日本と世界の未来　ジム・ロジャーズ［著］／大野和基［訳］
1174 「消費増税」は嘘ばかり　髙橋洋一
1175 平成の教訓　竹中平蔵
1187 なぜデフレを放置してはいけないか　岩田規久男
1193 労働者の味方をやめた世界の左派政党　吉松 崇
1198 中国金融の実力と日本の戦略　柴田 聡
1203 売ってはいけない　永井孝尚
1204 ミルトン・フリードマンの日本経済論　柿埜真吾
1220 交渉力　橋下 徹
1230 変質する世界　Voice編集部［編］
1235 決算書は3項目だけ読めばいい　大村大次郎

［地理・文化］

264 「国民の祝日」の由来がわかる小事典　所 功
465・466 ［決定版］京都の寺社505を歩く（上・下）　山折哲雄／槇野 修
592 日本の曖昧力　呉 善花
639 世界カワイイ革命　櫻井孝昌
650 奈良の寺社150を歩く　山折哲雄／槇野 修
670 発酵食品の魔法の力　小泉武夫／石毛直道［編著］
705 日本はなぜ世界でいちばん人気があるのか　竹田恒泰
757 江戸東京の寺社609を歩く 下町・東郊編　山折哲雄／槇野 修
758 江戸東京の寺社609を歩く 山の手・西郊編　山折哲雄／槇野 修
845 鎌倉の寺社122を歩く　山折哲雄／槇野 修
877 日本が好きすぎる中国人女子　櫻井孝昌
889 京都早起き案内　麻生圭子
890 反日・愛国の由来　呉 善花
934 世界遺産にされて富士山は泣いている　野口 健
936 山折哲雄の新・四国遍路　山折哲雄
948 新・世界三大料理　神山典士［著］／中村勝宏、山本豊、辻芳樹［監修］
971 中国人はつらいよ――その悲惨と悦楽　大木 康
1119 川と掘割“20の跡”を辿る江戸東京歴史散歩　岡本哲志
1182 京都の通りを歩いて愉しむ　柏井 壽
1184 現代の職人　早坂 隆
1238 群島の文明と大陸の文明　小倉紀蔵